Der 40. Tag vor Sophienlund

Martin von Arndt

Der 40. Tag vor Sophienlund

Erzählungen

Mit Illustrationen
von
Anne Pawletta

Peter Segler Verlag
Freiberg

Bücherversand:

(Für private Besteller erfolgt die Lieferung porto- und verpackungskostenfrei!)
Peter-Segler-Verlag Freiberg, Frauenstein-Strasse 32, D-09599 Freiberg/Sachs.

Printed in Germany 1997
Umschlaggrafik: Ausschnitt aus „Der 40. Tag vor Sophienlund“ von Anne Pawletta
Illustrationen / Werkarbeiten: Anne Pawletta
Fotos d. Illustr. / Werkarbeiten: Jakob Schrenk, Jens Oellermann
Foto Martin v. Arndt: Dirk Lakomy
Druck: Gutenberg Verlag und Druckerei GmbH, Leipzig
Bindung: Buchbinderei Zschämisch, Taucha

ISBN 3-931445-67-4

Inhalt

Variationen über ein Thema von Sergej Prokofieff, opus 16, andantino - Die Erste:

Kleine, sentimentale Geschichte

DA steht einer. Steht auf der Straße.

Steht.

Uneinsichtig. Es ist ein Uneinsichtiger. Wie wir alle, die wir die nötige Einsicht besitzen, ja, und eine wesentliche Änderung in unserer Gemütslage uns doch nicht glückt.

Er steht nun auf der Straße und blickt in dies Fenster, strahlend vor üppigem Licht und eitler Wärme. Denn draußen gefriert das Eis auf den Plätzen und die Nacht lädt nicht zum Stillstehn.

Blickt in dies entfernte Fenster und macht Schluß mit der Einbildung, es sei keine Heimat. Wer hier wacht, hat Leben.

Da steht er nun recht lange. So lange, bis ihm die Zehen zuschweigen: Wir sind Fleisch nicht mehr von deinem Fleische und er beinahe grimassieren muß bei dem Gedanken. Aber endlich - da beschließt er, hinzugehen, auf das Licht zuzutreten und selbst zu sehen, zu befühlen, zu erwittern, was das sei: Wärme, ein Ofen, ein Zuhause.

Geht dorthin und beginnt die Suche, sucht, nicht langsam, sucht und findet, er pocht an eine Türe.

Pochen. Jemand hat an die Türe gepocht.

Drinnen horcht einer unsicher auf. Er hat gelesen. Nun hat es an der Türe gepocht. Er zieht groteske Schnörkel mit seinen Brauen, ist unschlüssig, soll er das Buch beiseite legen oder wird er unvermittelt zurückkehren, er hört wieder das Pochen und hastet der Türe entgegen. Öffnet.

Nun, einer mit Brille, steht und bringt Kälte herein.

Rein?

Es ist spät, ja, außerdem habe er gelesen. Und. Schließlich. Schließlich.

Schließlich ist es, vielleicht ist es ein Tag für eine Begegnung und so läßt er ihn ein.

Der sieht um sich. Sucht wieder, aber nicht allzu rasch und blickt nicht habgierig. Auch ist er nicht furchtsam; der andere schon. Furchtsam, ein wenig gereizt, ihn verlangt nach dem offenen Buche.

Aber der da, der sieht nur um sich.

Und lächelt unvermittelt: ja, so ist's recht, das ist es: Wärme, ein Ofen, ein Zuhause.

Und beeilt sich mit der Erklärung: nicht, daß er stören wolle. Er habe auch kein Anliegen, das sei es nicht. Nur eintreten habe er gewollt, fühlen, sehen, wittern, ein Zuhause. Nicht als ob es das seine wäre, bitte, er möge nicht glauben, er ergötze sich in unschicklicher Weise an der Vorstellung, die Bücher (und besonders nicht das auf Seite 518 weltoffen leuchtende, auf das der andere nunmehr seinen wehmütigen, halb aller Hoffnung entseelten Blick richtet), der Branntwein, die ungeordneten Papiere, die Messer und Gabeln, die nicht glänzen, oder die wenigen Kleider im Schrank, dessen Türen sich seit Jahren schon nicht mehr bewegen lassen, seien die seinen; vielmehr wolle er das fremde Heim kosten, einen Moment im Fremden selbst heimisch sein, kurz: er suche - den „alten Hort".

Der andere klappt das Buch unwirsch zu. Nun aber. Nun ist es genug. Doch man wehrt ihn ab: nein, nein, er wolle, er könne ja nicht bleiben. Nur für diese Minuten. Und dann sei es auch schon genug, das ist wahr.

Mit vier Fingern trommelt der Heimgesuchte auf das Buch. Beider Blicke kreuzen sich, erst auf den Fingerkuppen, dann auf dem Einband. Der Fremde nickt. Er kenne sie wohl, die Erzählung, einen Pjotr Werchowenskij stoße man schließlich nicht aus seinem Hirn.

Ja, das, das mag wohl richtig sein, obschon er ja noch nicht. Aber er möge sich doch wenigstens setzen. Und: Kaffee sei keiner im Hause, aber vielleicht Tee - ein Gläschen vielleicht - ein Glas, ja.

Dann setzt er den Tee auf und fühlt sich nicht mehr gar so heimgesucht, denn Besuch, damit könne ja niemand mehr rechnen zu so später Stunde und bei dieser - nachgerade sibirischen Kälte.

Jaja, spricht der Eindringling, dessen Zehen nunmehr schmerzen, wenn er sich vorsichtig in einen Stuhl niederläßt, so als habe er bereits eingewilligt in die seichten Anspielungen des laut in einer Nische Hantierenden.

Einen Tee vielleicht, vielleicht ein Glas Branntwein dazu, dazu die Nacht, die Kälte, die Heimat, die Wärme, der Ofen und das Licht. Da ist man dann eingekehrt, so muß man es wohl nennen, und man hat den Mantel nicht abgelegt und beabsichtigt es auch nicht zu tun, und man sitzt da und streift all den liebevoll aufgetürmten Plunder, den man selbst nicht zusammengeklaubt hat auf den Basaren dieser Erde, und ahnt und weiß es nicht, woher diese Photographie stammt und welcher Liebe man sie nun verdankt, und doch ist all dies - gut.

Und wo getrunken wird, wird auch geschwatzt, gewitzelt, vielleicht rasch geweint. Und wenn die Einbildung: es sei keine Heimat dann ferne, ganz ganz ferne ist, steht er unversehens auf, der Uneinsichtige, und schließt die Tür mit einem Ruck.

Der andere aber bleibt zurück mit Branntwein, Tee und leerem Blicke. Und er mag das Buch nicht mehr anrühren, mag auch nicht mehr sitzen, er bleibt zurück mit einem ungewissen Verlangen, allein. Und plötzlich - sind die Bücher und der Branntwein, die ungeordneten Papiere, die Messer und Gabeln, die nicht glänzen, oder die wenigen Kleider im Schrank - sind ihm kein Zuhause mehr.

Dann steht da einer. Steht am Fenster.

Steht. Und blickt hinaus auf die entfernte Straße, in die Kälte, in die Nacht.

Stabat Mater

Alles begann erst mit dem Erscheinen jenes Fremden, der sich Ghil nannte. Frühmorgens und an einem Tag in der Julimitte stand er vor meiner Tür, Nachricht mir zu mitteln von meiner Schwester. „Sie ist krank, hoch oben im Norden. Jeder Tag kann der letzte sein. Wir müssen uns beeilen."

Ich konnte mich nicht daran erinnern, eine Schwester zu haben. Nein, ich hatte keine. Aber das änderte nichts. Gar nichts. Schließlich vermochte ich mich auch nicht mehr zu entsinnen, daß und seit wann ich in Helsinki lebte.

Und endlich: ich hatte nichts zu verlieren, und der Fremde war klein und hager. Er lächelte mit grünlichen Zähnen. Ein auffallend arabischer Typus.

Noch gegen Mittag war ich reisebereit. Wir nahmen den Zug.

Fuhren in die Nacht. Schlaf überfiel mich rasch. Für Studien hatte ich im 'Vathek' gelesen, doch benahm mir ein beginnendes Fieber die Aufmerksamkeit und geleitete mich in einen schmerzensreichen, nebligen Zustand. Meine nackten Füße hob ich da aus einem Sumpf und strich über deren Spann: beide waren mit einer tiefen, klaffenden Fleischwunde versehen, die von ungefähr mit einer Hautschicht überwachsen schien. 'Merkwürdig', dachte ich bei mir, 'daß es noch nicht verheilt ist' und 'So lange schon'.

Ich erwachte vom Kreischen der Zugbremsen in tiefster Nacht. Mich fröstelte. Keine Landschaft zu erkennen draußen. Drinnen gloste eine erstickende Kälte, anders weiß ich es nicht zu beschreiben. Ghil musterte mich lange schon. Die ganze Zeit über mußte er so dagesessen sein und mich angesehen haben unter halbgeschlossenen Lidern.

Da gewahrte ich, daß er - größer geworden war, größer und merklich breitschultriger. Auch hatte das Haar längst nicht mehr die schwarzblaue Tönung und die Gesichtsfarbe hatte sich aufgehellt.

Doch nicht im mindesten vermochte diese Entdeckung mich zu schrecken, denn ich wußte ja: Ghil schlief. Schlief offenen Auges. Atmete dabei oberflächlich und röchelnd wie ein Lungenkranker.

Dann durchzitterte das Abteil die erste Regung der Weiterfahrt. Ich griff nach meinem Buch, das mir entglitten war und mochte es nicht mehr finden. Stattdessen lag neben Ghil eine Auswahl Lieder des 'Kalevala'.

Ich konnte mich nicht besinnen und fiel wieder in diesen jämmerlichen halbdunklen Zustand.

Yön vallat aamun valkeus jo voittaa, sun päiväs koittaa, oi synnyinmaa.

Männerstimmen hörte ich diesen Hymnus singen, der mir auf ewig fremd würde bleiben.

Und dann, mit einem Mal, stand mir die Erinnerung zur Seite: daß man sich erzählt, hoch oben im Norden, erscheine einmal alle hundert Jahre die Muttergottes in einem Dorfe, um all jenen Gehör zu schenken, die in diesem, ihr feindlichen Lande den Lutheranern abgeschworen und sich der rechtgläubigen Kirche angeschlossen hatten.

Sollte ich eine Pilgerfahrt begonnen haben? Was hatte all dies dann zu tun mit mir? Wo war ich in jenem Momente? Auf dem Weg wohin war ich?

Und - wichtiger noch: wer - wer war nun 'ich'?

Oi nouse, Suomi, nosta korkealle...

Dann fuhr ich einmal mehr auf, der Zug hatte einen spürbaren Ruck getan. Zu meinem Erstaunen stellte ich fest:

daß ich vier Stunden in diesem Dämmer verbracht;

daß es noch stets tiefste Nacht war;

daß Ghil in derselben Stellung wie zuvor mir gegenübersaß und schlief;

schließlich, daß die Kälte zugenommen hatte und in Form winziger Schwaden von Atemstoß zu Atemstoß vor meinen Augen tänzelte.

Meine eigene Körpertemperatur hatte zugenommen, von innen war ich dem Verbrennen nahe, so schien mir.

Da rüttelte ich mich aufs heftigste aus meinem Wahn und suchte mir neue Gedanken einzuflößen. Ich griff nach dem Buch und öffnete es auf beliebiger Seite. Die Lieder von Kullervo hatten sich mir aufgetan und ich las.

Sind Dinge auch zu hören,
Ist Unheil auch geschehen,
Schlief bei der Schwester ich,
Buhlt' ich mit der Mutter Kind!

Sie hat ihr Ende schon gefunden,
Den Tod hat sie gesucht,
Im harten Schaum der Schnellen,
In feuertollen Wirbeln.

Das Buch fiel mir zu Boden.

Da, dort, dort im Freien, dachte ich, da beten sie jetzt vielleicht im Schlafe um ein seliges Ende.

Oder opferten sie Ukko, dem fremden alten Götzen, der diesem Lande und den Menschen aus dem Fleisch gewachsen war und nur mit Mühe hatte von dort entfernt werden können? Man durchstieß das Fleisch mit einem Stahlstift und pfählte den Alten.

Durchdrang das Fleisch ...

Ich zog die Beine dichter an den Körper und atmete erst leichter, als ich die schweren Stiefel recht gewahrte.

Lange verharrte ich so und spürte die noch zunehmende Kälte mit jedem Hieb, der meine Brust zerfuhr. Dann endlich ergab auch mein Körper sich darein, was allgemein Schlaf geheißen wird.

Als ich die Augen aufschlug, schickte mein Begleiter sich an, mich zu wecken.

„Wir müssen den Zug verlassen hier."

„Sind wir angekommen?"

„Ich weiß nicht."

Es mußte bereits nach Mittag sein, also kehrten wir in Stationsnähe ein. Ghil schwieg. Erst nachdem wir im Aufbruch begriffen waren, stellte er mir Fragen. Die erste.

„Haben sie einen Beruf?"

„Ich schreibe, schreibe Geschichten, die niemand verstehen mag."

„Kann man leben davon?"

„Nein."

„Erfüllt es ihr Leben mit Sinn dann?"

„Nein."

„Das ist gut so, sehr gut. Wenigstens setzt die Seele auf diese Art kein Fett an. Sehr, sehr gut ist das."

Unwillkürlich schüttelte ich den Kopf. Und einmal mehr - die Fragen: Wo bin ich? Was plane ich? Wer bin ich - hier?

Ghil ging mir voran. Eine, zwei Stunden folgte ich ihm. Dann langten wir an bekannten Plätzen an und ich konnte mich nicht enthalten zu fragen, ob er wisse, worauf er eigentlich zusteuere.

„Nein. Ich kenne diese Stadt nicht. Genaugenommen sind sie es ja, der führt."

Mein Fluchen glitt an seinem harschen, unbeteiligten, ja reglosen Gesicht ab.

Wieder aber konnte ich schwören, daß dieser Mensch da vor mir - gewachsen war. Von robuster Gestalt schien er nun nachgerade, mit fettwangigen Zügen und weißblondem Haar. Sogar seinen Akzent hatte er verloren.

Oder bildete ich mir den von Anfang an nur ein?

„Ihre Schwester - sie haben sie lange nicht gesehen?"

„Nie!"

„Ja, es ist an der Zeit, sie ringt mit dem Tode. Jetzt geht es ins Brautbett."

Er bog um eine Ecke und stand still. Schweigen, er gebot mir Schweigen. Eine Minute, zwei, fünf, zehn, vielleicht fünfzehn volle Minuten, vielleicht fünfzehn ganze Stunden. Dann schloß er die Augen, öffnete sie nur zur Hälfte wieder und tönte blechern:

„Wir müssen noch weiter. Der Zug geht sogleich. Komm!"

Und abermals saßen wir in einem Zug gen Norden und rasten der Nacht entgegen.

Das Fieber war von mir gewichen, nicht aber die Kälte. Ghil schien wieder seiner Trance zu verfallen und stöhnte und biß sich die Lippen wie ein verendender Hund. Mich indes floh der Schlaf in dieser Nacht um nichts weniger, allein eine eigentümliche Reizung befiel die Innenseiten meiner beiden Hände - das unentwegte Scharren hatte zwei tiefrote Punkte hinterlassen, unter denen ich kaum mehr eine dünne Schicht Haut vermuten durfte. Der Schmerz war bald unerträglicher als das Gefühl naher Ohnmacht, und so suchte ich mir Linderung zu verschaffen, womöglich nach kaltem Wasser zu gehen. Ich trat aus dem Abteil und in den Gang: doch wohin ich mich wandte, war kein Mensch zu erblicken. Zunächst mutmaßte ich, alles schliefe, mußte dann jedoch feststellen, daß der Zug unbesetzt war, einige Abteile aber verschlossen und sohin unzugänglich. Ich wußte mir anders nicht zu helfen als die Handflächen gegen die Fensterscheibe zu pressen und den schmerzenden Stellen wenigstens eine Kühlung zuzuführen - da gewahrte ich, daß die Schürfungen bereits bluteten: vor mir bahnten wie Regentropfen sich zwei rote Rinnsale ihren Weg, der Fahrtrichtung entgegen. Im Spiegelbild der Scheibe aber sah ich das Gesicht Ghils aufblitzen ... und verglimmen.

Das Fieber kehrte zurück und marterte mein Hirn. Schwere Schritte, schweres Atmen trugen mich dem Abteil zu, darin der Fremde unablässig schnaufte. Auf meinen Platz zog ich mich, faßte den Mantel enger um den Leib, half mir überdies noch mit einer Decke aus - um zuletzt nach etlichen Stunden Wachsein doch in meinen tiefen, morastigen Schlaf zu fallen.

Da hörte ich, wie einer im Traume mich anrief: „Hier ist Ukko, jetzt gilt's, du mußt aussteigen hier und bist dir selbst überlassen, mein Freund."

In meiner Furcht griff ich an die Stelle, da ich als Kind jahrelang ein Muttergottesbild bei mir getragen, vermochte es aber nicht mehr zu erspüren.

Ich wußte: Nun war ich allein mit - ihr.

Und eine Hand schlug mir unwillig vor die Schulter.

„Hier Lokka, aussteigen!"

Als ich mich nicht rührte, ermunterte mich die Stimme mit argumentativer Diskretion: „Endstation!"

Und um allen Eventualitäten vorzubeugen, etwa der, einen Ausländer vor sich zu haben, wiederholte der Beamte exakt: „E-n-d-s-t-a-t-i-o-n!"

Ich trat auf den Perron und war nicht erstaunt, Ghil, wie er sich wohl nannte, nicht wiederzufinden. Nicht hier. Und nicht in jenen Augenblicken.

Dann mußte ich mich in einem Hotel eingemietet haben, denn ich fand mich selbst plötzlich und bei vollem Bewußtsein in einem unbekannten Zimmer wieder, das mein Gepäck barg.

Es vergingen die Tage mir indifferent, die Nächte fiebrig. Gedanken an die Sinnlosigkeit und Absurdität meiner Lage drangen nur in den allzu kurzen Momenten zwischen Erwachen und Wiedererstehen des Gedächtnisses tiefer in mich ein.

Der Kopf begann mir zu schmerzen zu dieser Zeit und feine, unendlich feine, blutverkrustete Striche lagen mir um Stirn, Schläfe und Hinterkopf.

Rasch aber kam der Brief, der Brief meiner Schwester.

Sie schrieb mir auf Deutsch und ich konnte nicht verstehen, blickte nur immer auf die leidensschwere Signatur unter den wenigen Zeilen, die mir ihren Namen verraten sollte: Amina.

Amina. Amina. Mehr war dem nicht zu entnehmen, mehr auch ließ das Fieber nicht zu, das zurückgekehrt war zum Tage (denn der Tag: er war zur Nacht geworden) und Besitz ergriffen hatte von mir im Momente, da ich das Schreiben eröffnet. Ich zerknüllte die beiden Blätter, warf sie in den Papierkorb wie ein Automat es getan hätte.

Und ich verstand nicht.

Wie töricht doch, denn war nicht spätestens jetzt alles entschieden, so ganz und gar? Und mein Warten, war es nicht beendet?

Ging es nicht nun auf direktem Wege ins - Brautbett, so sagte doch - Ghil.

Es sollte so sein. Ich hatte lange schon die Gewohnheit angenommen - vielmehr, nein: sie hatte sich meiner angenommen -, jeden Abend ein verrauchtes Lokal aufzusuchen, das kaum je bessere Zeiten gesehen, behaftet mit diesem unzweideutigen Ruch nach Fischfett und Exkrementen. Dort trieb ich mich herum bis Mitternacht und trank und spielte Billard mit den Einheimischen, um Geld zumeist.

Jetzt war es der dritte Tag und die dritte Nacht nach dem Brief. Wieder sah ich mich von den schon bekannten Gestalten umringt vor dem stumpfen blauen Filz. Viel Geld war zusammengekommen, sehr viel, und es sollte die entscheidende Partie sein. Mit einem Unbekannten aber maß ich mich heute, den ich noch zuvor hier nicht gesehen oder der mir nicht aufgefallen war. Groß und von markigem Wuchse war er, rötlichblond das Haar.

Wir kämpften zäh um die Entscheidung, als er mit einem Male und wie von ungefähr den alles vernichtenden Fehler beging. Ich mußte nur noch den Weg mir ebnen mit zwei, drei Stößen, dann war es vorüber: mein Sieg.

Gelächter erscholl und bewunderndes Raunen, die Scheine packte ich mir in die Tasche und wandte mich - als aus den Augen des Fremden mir Ghil entgegentrat und metallen höhnte: „Dein letztes Mal. Jetzt komm!“

Und also spürte ich nurmehr den Stahl im rechten Unterleib, fingerbreit unterhalb des Rippenbogens. Blut befleckte den Tisch und der Fremde - nein: Ghil, Ghil! - hastete der Türe zu. Dabei hatte ich ihm doch zu folgen ...! Ja, wußte er nicht, daß es mir unmöglich war mit diesem Messer, das in meinen Eingeweiden brannte ...? Aber ich war doch angewiesen ... und dann, ja dann, taumelte ich ihm hinterher...

So gibt es nicht mehr viele Worte, die ich zu verlieren hätte. In einem Hospital schüttelte ich den beinernen Schlaf von mir und sah, daß es Nacht war. Natürlich hatte ich keine Schmerzen, ich erhob mich vom Bett und erblickte für eine Sekunde das Aufglimmen eines Lichtes, das auf die Richtung des Fensters deuten ließ. Ich wußte ohnedies, daß es meine Schwester war und daß Ungeheures vor mir lag, und ich zitterte unter dem letzten Frostschauer, der mich diese Nacht überkam. Da blitzte das Licht wieder auf und hielt sich wie gebannt in seiner Ecke: Amina sah mich an. Und sie bot mir die Rechte und lächelte und flüsterte undeutbare Namen, die mich riefen. Also schritt ich ihr sachte entgegen und griff nach dem ausgestreckten mageren Händchen, als - der Schmerz in meinen Leib zurückkehrte und meine Gedärme wie an Ketten zu Boden riß.

In die Knie fiel ich und flehte schreiend zur Muttergottes. Oder war es Ukko, der schreckliche alte Donnerer, den ich um Hilfe bat. Ich entsinne mich, nein: ich entsann mich längst nicht mehr, denn ich hatte mein Wissen vergessen und war dem Ersticken nahe.

Jetzt war ein jeder Gott mir recht.

Der Fuchs von Sakamoto

Seitenstück einer Erzählung Akutagawas.

Zwei Männer auf dem Wege von Kyoto nach Tsuruga: Der eine groß und mächtig, und auch mächtig anzusehen; der andre klein und schmächtig, und auch schmächtig anzusehen. Er, der geringe Mann, hat jenem sich gesellt, denn der ist ein ruhmvoller Krieger, und er kaum einer, der sein Auskommen hat. Der Edle aber - was treibt ihn in solchen Verkehr? In der schweigsamen Demut sonnt er sich wohl, schwingt frei sich über den Rücken des hündischen Alten, der aller Würde in seinem Leben vergessen hat.

Von hier ja, vom Biwasee bis nach Tsuruga, weiß er, ist alles Land schon in der Pflicht des Herren, und so sehr ist ihm dies Land verpflichtet, daß er keine Wache mit sich führt, sich selbst vielmehr gegürtet hat, während Kurzhaar in dessen mächtigem Reiterschatten vor Räubern bang in die Kruppe des geliehnen Pferdes ganz winzig sich gekauert hält.

In der Ebene aber nach Tagesritt, genug nicht seines machtvollen Gebotes über Mensch und Land erfüllt sich wähnend, dreht der Freie sich in trotzigem Ungestüm und ruft dem andern zu: „Noch weiß man um mein Kommen nicht. Doch seh ich einen Boten dort. Wir schicken ihn mit Nachricht in die Stadt.“ Und noch bevor Gemeinter seine Augen recht zu heben weiß, setzt der Ritter an zum Wildgalopp und fängt den Fuchs mit bloßer Hand.

So spricht er zu dem wilden Roten: „Höre, Fuchs! Diesen Abend raste nicht und laufe mir nach Tsuruga und künde dort: Unerwartet wird der Herr heut nacht anlangen. Er wünscht, befiehlt, daß man sein Kommen wohl bereite.“

Und achtlos schleudert er das Tier ins Feld, das rasch und rascher Raum gewinnt.

Wenn aber in den späten Dämmerstunden nicht weit mehr von Tsuruga zwanzig Gepanzerte sich dem kleinen Zuge nähern und furchtsam vor dem Herrn absitzen und der Hauptmann unter ihnen die Rede tut: „Herr, ein Unerhörtes begab sich heute: In eurem Haus erschien ein wildes Tier in großer Wandlung und sprach: Ich bin der Fuchs von Sakamoto! Unser Gebieter hat befohlen, sein Kommen euch zu mitteln. Eilt, eilt ihm entgegen, denn bei Anbruch der Nacht will er unbegleitet nicht sein!"; wenn der Herr sich heiß in die Brust dann wirft und auf sein altes Spielzeug herabsieht und ihn zu den Worten fordert: „Ach, Edler, so mächtig seid ihr, daß selbst die Natur euch willig dient!"; wenn der andre dann hohen Einzug hält in Tsuruga und alles Volk in Gefolgschaft ihm laut und lose entgegenströmt - dann weiß Kurzhaar, der schmächtige, winzige, gut um das erbärmliche Schauspiel, das man ihm geboten, und er sieht den Fuchs von Sakamoto inmitten wogender Ähren still durch die Felder ziehn am Biwasee.

Und doch war er den Abend über ganz der Wundergläubige, der vor Ehrfurcht klein und immer kleiner zu werden drohte.

In der Nacht aber hielt er sich länger nicht vor Ekel und gab seinem Leben endlich das Ende.

Calvin an Miguel Serveto

Die Nacht vor seiner Hinrichtung.

Ich werde dich töten.

Aber ich tue es nicht, weil deine Dreieinigkeit die Würde des Christengottes befleckte.

Sondern weil du ein Glück herbeiwünschst, ein Glück herbeifluchst, das kein Mensch auf dieser Welt tragen darf. Und so bin ich befriedigt und in äußerstem Maße, daß dich die Römer haben nach Genf entlaufen lassen. Ich bin in solchem Maße erleichtert darüber, daß ich besorge, auch dies könnte ein Glück sein von der Natur, die dein Teufel dir eingegeben hat, von Gott und den Menschen einzufordern.

Der Satan ist ein großer Wandler und ein guter, er setzt sich dem Besten ins Hirn und läßt ihn nach Gleichheit hecheln. Wir sind aber nicht gleich. Die Menschen gleichen einander nicht. Sieh dich und mich. Niemand soll sich gleichen. Sich gleichen, das heißt: sich Gott vergleichen. Und: herrschen wollen!

Ich hasse jeden, der mir gleicht, denn er gleicht der Macht.

Genf, das hatte ich dir hinterbringen lassen, werde dein letztes Wirken sehen. Du bist der Inquisition entgangen, um dein Ende am rechten Platze zu finden. Du wirst den Scheiter der Gerechten anfeuern, und das schon heißt mir allzuviel des Guten für den, der in alle Zeiten schlafen wird.

Ich bin dereinst aufgewacht, und ich schlief ein Vierteljahrhundert. Nun bin ich wachsam: Alles, alles muß erstickt werden, was das Andere nährte, was dem Leben die Schärfe nimmt und seine Herbheit. Keine Nachsicht mit denen, die Gaben ertrotzen.

Glück zu finden ... niemand ist in diese Welt geboren, um Glück zu finden. Wir werden als nur einer geboren in diese Welt, aber in eine Einsamkeit, die uns nährt. Mit dem Leben verlieren wir die Nährer, und wir sterben als nur einer, ohne

Nahrung. Ohne Es. Denn sogar das Wesen, es, die Tiefe, die Seele, nimmt man uns. Es nimmt sich uns. Gehört uns nicht und bereitet uns doch Tod. Ist die Seele denn nicht der Tod, den sie uns bereitet?

Kein Erbarmen mit der Seele. Sie haben deine Seele zu Lyon verbrannt, fast befürchte ich, du könntest - Ohne-Tod - mir Champel überleben. Indes: Ich darf keiner solchen Regung Raum geben, weil dein Anderer sonst vielleicht die Macht gewönne über unser Tun.

Wärest du denn der Gnadenreiche, der Tröster, wenn anders deine Hilfe nicht vom Teufel käme?

Du wolltest der Qual abschwören. Aber die Qual ist, was uns zutiefst zusammenbringt und was uns zuletzt zusammenhält.

Ich habe kein Erbarmen, nicht für dich und nicht für solche, die wie du nicht dem Leben mögen gleichen.

Es ist so lange schon, da träumte mir, ich würde an dir zum Vollstrecker Seiner Göttlichkeit und Seines Lebens.

Ich bin ausersehen, die Gewalt Seiner Schöpfung zu stählen, den Herrlichen in der Tat über alles zu erheben. Wäre dein Glück im Willen, wäre seine Schöpfung in deinem Glück. Du aber bist der Verworfene und sollst endlich die Schärfe bekennen. Bekenne das Recht, das dich morgen brennt und verödet. Fluche dir selbst. Nur so kannst du dein Tun noch aus den Büchern tilgen. Erwarte kein Erbarmen. Gott ist ein schlechter Schläfer. Auch ich.

Du hast deine Gnade, dein überweltliches Wollen in Asche gesetzt. Du hast dem Leben getrotzt. Du hast Seinem festen Willen getrotzt.

Und deshalb werde ich dich töten.

Und aus dem Schatten des Mondlichts

„Schweig, Säkulum!“
(J.M.R. Lenz: Pandaemonium germanicum)

UND aus dem Schatten des Mondlichts floh wider Erwarten die zweite Erscheinung.
Und in das Finsterblau der Nacht tat Bayle den einen Schritt.
Du bist wahrhaftig allen voran verständig - also schweig!
Rüste dich in diese Zeit, Bayle, aber schweig! Schwer lebe und hüte dich vor dem Tage.
Da tat Bayle den andern Schritt
Vor Tage bette dich, dann siehst du die Wiedergänger nicht, sie nicht dich, du ihren Rundtanz nicht. Aus dem nahen Gebüsch fliegt, wer weiß es?, eine Krähe, und sie lebt nur diese Nacht und den einigen, einzigen Morgen. Blutet sie, bevor sie sinkt, ist sie ein Opfertier.
Oder: eine Ratte, sie kreuzt deinen Weg, schleicht wie eine Otter, farblos und nach weithallendem Ruch (einem Kehraus) des Jasmin ist sie vorüber. Ihr vorauf dein Grabspruch, denn du wirst lange Kälte spüren, Bayle.
Und dem entgegen: Bayle.
Laß dich nicht betören und betrügen nicht. Der Tag strebt dem Westen zu, geh du nur südwärts - ihr trefft euch doch. Dort im Westen. Wenn sie aber deine Seele wiegen - wer dann wird dein Erz dir schöpfen, Bayle? Bayle? Dein Platz ist auch an dieser Seite, der erzene Schöpfer wird dir die Waage halten. Doch - allein - Bayle: wer außer dir tritt noch den Pfad? Ein wenig ausgezehrt - ja, tu ihn nur, den dritten Schritt! - du siehst so müd', so pecherntot, so gottentfallen drein. Klirren dir die Banner wieder, sinkt im Spätfrost schon dein Mut?
Oder ist das Herz in falschem Tritt?

Ja?
Ja! versteh ich dich! Du ruhst nur aus, dein Atem schweigt nur den Moment und stößt dann Haken in die Lüfte. Kehrt er wieder? Weißt es nicht? Bleib dir stets treu und flieh das Feuer. Du kennst schon das Blaßkehlene, deine Tinktur, die Zukunft. Stunden um Stunden um Stunden trennen dich, bluten dir wider und wieder, Bayle, nach dir traumwirren sie für und für, ein erzenes Glockenspiel, der Schlag des Bitteren, Frau Welt.
Das? Dein nächster Schritt?
Aber ich bin dir zu Seiten, entstreiche dem Haar die Larve, und es bleibt dir - weist dir gen Sodom - ... was ...?
Der letzte Schritt.
Und dann - wozu? Dann wozu?
Doch in den Schatten des Mondlichts floh die zweite Erscheinung.
Bayle hingegen, Bayle aber überlebte diesen Morgen nicht.

Camuanorghia

Ein Memorandum.

„Leben und Tod - Tanz zwischen Skylla und Charybdis."

Personen

GRODEK
CALLON
NECQOR / TALAIPOR /
ADIAPHOR: in *einer* Gestalt

Erste Szene:

Ein Feld. Grau. Braun. Heide vielleicht; spärlicher Bewuchs; Gestein; Bäume in der Ferne, als vager Schattenriß vor grünschwarzem Himmel. Nebliges Licht, oder besser: Abenddämmerung, auch: Nacht. Frappierende Dunkelheit, nicht Düsternis - Dunkelheit! Die Pause eines langen Atemzuges; GRODEK und CALLON treten auf. GRODEK von unbestimmbarem Alter, CALLON von unbestimmbarem Geschlecht. Beide abgehärmt, verzweifeltes Gebaren. GRODEK steht still - CALLON steht still. GRODEK sieht in die Ferne, verliert sich - und gleitet in kauernde Stellung. CALLON betrachtet ihn. Schweigen. CALLON geht hin und her.

GRODEK Ich bin mir nicht mehr sicher, ob dies noch der rechte Weg ist.
Schweigen. CALLON geht hin und her.
GRODEK Alles ist formlos hier. Du gehst Stunden und gehst Tage und gehst Wochen und es ist schrecklich formlos.
Schweigen. CALLON geht hin und her.
GRODEK Inhaltsleer. Du gehst Monate und gehst Jahre und gehst Äonen und es ist grauenerregend inhaltsleer.
Schweigen. CALLON geht hin und her.
GRODEK Auf welchem Weg sind wir?
Er verbirgt das Gesicht in Händen.
CALLON *steht still:* Nach Camuanorghia. Es war kein andrer Weg und keine Kreuzung. Wir sind auf dem Weg.
GRODEK *das Gesicht noch in Händen:* Der Weg - er braucht keine Kreuzung und kann doch abzweigen.
CALLON *tritt hinter ihn, sanft:* Du träumst. Da war kein andrer Weg. Wir sind müde und es dauert lange und länger.
Streicht über GRODEKS Haar.
GRODEK *gibt sein Gesicht frei, das blut- und tränenverschmiert ist, sucht zu lächeln:* Es muß so sein.
Greift nach CALLON.
CALLON *entzieht sich sachte:* Dort wird alles anders. Wir wol-

len schlafen dort und essen - und wir wollen endlich neues Schuhwerk. Nicht daß wir es dann noch bräuchten, nur um die gemeinsame Zeit zu erinnern.

GRODEK nickt mühevoll.

Und dann tanzen wir in die Abenddämmerung und in das Morgengrauen und wieder in die Dämmerung - und -

Er blickt erstaunt auf: Ist jetzt Abend ... oder ist es Morgen...

GRODEK will antworten, sieht CALLON an - und schweigt.

CALLON *erschrocken:* Wieviele Tage sind vergangen?

GRODEK Wir haben mit unserem Schweiß und unserem -

Fährt sich mit der Hand über das blutverschmierte Gesicht: Blut bezahlt: also frage nicht. Wir haben keine Schulden mehr.

CALLON Wir sind allein.

GRODEK Nein, wir sind auf dem Weg. Alles wird anders, dort. In Camuanorghia. Die Dächer der Stadt sind grün - verstehst du? *Er lacht.* Komm!

CALLON folgt, kauert neben GRODEK, sieht ihn an. GRODEK legt seinen Arm um CALLONS Schulter.

Sie sprachen mir von der Stadt mit dem einen Tore und den unzähligen Türmen. Tag und Nacht ist sie verschlossen, doch der Erwählte weiß um das Geheimnis des Schlüssels ... der Schlüssel ist das Sinnbild der Stadt...

Er greift sich an den Hals, zieht aus dem geöffneten Hemd eine Kette mit Amulett, auf dem das ANCH-Zeichen erstrahlt: (☥)
... mit diesem Schlüssel wird uns aufgetan.

CALLON Wie weit ist es noch?

GRODEK Ich fühle, es ist nahe.

Die Pause eines langen Atemzuges kehrt wieder, Schweigen und seltsame Laute, ferne Musik, eine Gitarre, eine triste Melodie, eine paranoide Stimme - wie das Singen des Moores.

STIMME „Unter verschnittenen Weiden, wo braune Kinder
Spielen
Und Blätter treiben, tönen Trompeten.

Pause.

Ein Kirchhofsschauer,
Fahnen von Scharlach stürzen durch des Ahorns Trauer
Reiter entlang an Roggenfeldern, leeren Mühlen.

Abermalige Pause.

Oder Hirten singen nachts und Hirsche treten
In den Kreis ihrer Feuer, des Hains uralte Trauer,
Tanzende heben sich von einer schwarzen Mauer;

Expulsiv:

Fahnen - von -

Staccato:

Scharlach - Lachen - Wahnsinn - Trompeten."

Der Gesang erstirbt, die Melodie verstummt. Wie nicht gewesen, verhallt alles im letzten Worte. Stille.
GRODEK Wenn dies dann der rechte Weg ist.
Er steht abrupt auf, läßt das Amulett schießen und wendet sich, einige Schritte gehend, ab von CALLON und Publikum. CALLON bleibt in Kauerstellung, seinerseits birgt er nun in Händen sein Gesicht. Schweigen. Schweigen. Stille. Lange Pause.
GRODEK *zaghaft:* Vielleicht - daß wir - hätten essen sollen, eine Kleinigkeit nur - auf dem letzten Bauernhof -
Der schweigende CALLON schüttelt das Haupt.
Sie haben uns Brot geboten. Wir hätten nicht ablehnen sollen. Wer weiß, wie lange wir ohne Zehrung sind. Sein werden.
CALLON *stets das Gesicht in Händen bergend:* Wann hatten wir letzte Zehrung?
GRODEK Es war...
CALLON *gibt das Gesicht frei, es ist blut- und tränenverschmiert:* Es ist zu lange her, es kommt nicht mehr darauf an. Siehst du?
GRODEK *eilt ihm zu:* Du blutest -
CALLON *wehrt ab:* Und du!

Callon erhebt sich, geht einige Schritte.
Trennen wir uns!
Grodek *bestürzt:* Nein!
Callon Weshalb nicht? Ist das nicht die rechte Zeit? Bevor wir der Verzweiflung anheimfallen?
Grodek Wer findet den Weg allein? *Pause.* Erinnerst du den Bauern? Gab er uns nicht zum Rat, niemals alleine zu bleiben im Moor?
Callon Und fanden wir?
Grodek Wer findet allein den Weg?
Callon Angst!
Grodek Ja, gräßliche Angst. Und all das Blut. Wir haben bezahlt für zwei. Vergiß nicht, daß wir den Schlüssel nicht zu teilen vermögen.
Callon Nur bis zur Mauer der Stadt...
Grodek Finde die Mauer! Noch umgibt uns nichts als Moor. Und es ist Nacht. Callon! Bedenke dich!
Schweigen.
Callon Du hast recht. Ja. Vielleicht - ist es schon zu spät, sich zu trennen. Wir haben viel - Blut verloren. Wenn doch nur von ferne die Stadt zu erahnen wäre ... ja, nur Menschenschritte von ferne klängen, die könnten uns leiten ... nach Camuanorghia ... schon beschleicht mich Grauen, spreche ich den Namen aus.
Pause.
Und manchmal, in stürmischen Nächten, wenn mir der Nebel vor den Augen tanzt, wenn mir der Schweiß ins Ohr rinnt ... dann glaube ich nicht mehr an - Camuanorghia. Es ist das Kind tief unten, das die Augen schließt, um nicht gesehen zu werden, es ist das Kind, das vor Erwartung den Vater nicht erkennt, wenn er nach ihm ruft, nach langer, langer Abwesenheit. Verstehst du mich?
Grodek Ein wenig. *Schweigen.* Auch ich zweifle. Sie mögen die Stadt gebaut haben, die grüne Stadt, aber sie haben sie ins tiefste Moor nicht gebaut. Die Gespenster, die um uns sind, sind in Wahrheit in uns. Auch ich zweifle, ob die Stadt noch steht oder ob dieselben Gespenster - sie haben schleifen lassen. Und vielleicht - ist ja auch kein Platz mehr in Camuanorghia.

Kein Platz für uns - beide.

Stille und Herzklopfen. Bangigkeit. Es nahen Schritte.

CALLON Hör doch!

Die Schritte werden lauter. NECQOR tritt auf. Er trägt einen zerfetzten, ausgebleichten Mantel ehemals violetter Farbe. Augenbinde über dem linken Auge. Er sieht bleich aus, ist hager und ruhelos. Er tritt von links heran und bleibt unvermutet stehen. Zwingt sich ein Lächeln ab. CALLON rückt näher an GRODEK. Sie blicken sich an.

NECQOR Ja. Sie haben heute nacht den Sohn des Kutschers totgeschlagen. Er hatte ihnen nichts getan und war blind. Dennoch schlugen sie ihm den Schädel ein mit dem langen dürren Stock. Er fiel zu Boden - und dann floß ihm dieser Ekel aus dem Munde ... und der Kopf - war ganz gespalten...

CALLON wendet sich ab.

GRODEK Woher?

NECQOR Sie haben ihn dann eingescharrt, die Weiber. Danach mußten sie das Grab wieder öffnen, weil sie seinen Ring vergessen hatten ... der Ring darf nicht mit ins Grab, sagten sie...

GRODEK *naht sich dem Unbekannten:* Woher, Fremder?

NECQOR Ich bin sechs Tage, nein: sechzig Tage gewandert, seit sie ihn erschlagen. Dann kam ich zu einem Müller, der nahm mich zum Gesellen, ein ganzes Jahr, und nach Ablauf der Frist hängt er sich auf an einem Dachbalken.

Pause. CALLON wendet sich den beiden wieder zu, steht schmerzverzerrten Gesichtes starr wie die beiden anderen.

NECQOR Zuletzt fand ich ein Weib und sie gebar mir zwei Kinder. Aber nach der Ernte zog die Cholera über das Land und schleifte sie zu Tode mit den rastlosen dürren Händen. Noch warnte ich sie vor den Sümpfen, aber sie vermochte mich nicht zu hören. Mir folgt der Tod, wohin ich gehe, darum fliehe ich und suche nicht die Menschen. Ich bin unzählige Jahre auf der Flucht, seit sie des Kutschers Sohn erschlagen.

GRODEK *legt den Arm auf NECQORS Schulter:* Wohin fliehst du? Suchst auch du Camuanorghia? *Pause.* Kennst du den Weg nach Camuanorghia?

NECQOR *nach einem besinnlichen Schweigen:* Nein. Aber auch

ich suche es, such' es wie mein verlorenes Ich.

CALLON Dann kennst auch du den Weg nicht?

NECQOR Wie? Wie kann ich den Weg kennen?!

Pause, in der er nach rechts sich schleppt, dann unvermittelt steht und sich halb wendet, gegen das Publikum, wie versteinert in Trance:

Aber das Lied kenne ich, das Lied!

Singt stammelnd:

Vom - Schrei geführt,
Geführt vom Schrei
Der totgebornen Nachtigall -
Die Schar der Gräber
Kehrt zurück
Zurück - nach Camuanorghia!

Ab, doch im Abgehen noch:

Nach Camuanorghia!

GRODEK und CALLON sehen sich starr an.

CALLON Meinst du, er kennt den Weg?

GRODEK Ich weiß nicht. Aber ich wünsche - nein, ich begehre, daß kein Mensch mehr seine Bahn kreuzt. Nein, er ist nicht auf dem Weg...

CALLON Doch das Lied ...?!

GRODEK Vielleicht war es eines der Gespenster, die unsere Bahnen säumen. Sieh ihm nicht nach, dort geht er schon nicht mehr.

CALLON Wenn er nur nicht auf dem Weg ist. Ich würde mir nie verzeihen -

GRODEK *schreit:* Sieh dort nicht hin! *Zieht das Amulett.* Das ist Camuanorghia!

Vorhang.

Zweite Szene:

Derselbe Ort. Nur ein Baum in weiter Ferne und Sträucher statt der Felsen. Ja, eigentlich ein ganz anderer Ort, kein Moor - aber doch dieselbe Stimmung. Abenddämmerung oder Nacht, ganz gleich. CALLON sitzt müde an einem Lagerfeuer. Nichts als das Prasseln des Feuers und das Glimmen der Scheite. Dann tritt GRODEK auf, kaum älter, kaum müder, kaum lebendiger als zuvor. Er setzt sich, langes Schweigen.

GRODEK Kein Ort. Nirgends eine Erhebung, ein Turm, ich konnte keinen Rundblick gewinnen.
CALLON Sind wir weitergekommen?
GRODEK Ich möchte es vermuten. Die Landschaft hat sich verändert. Um uns ist es stiller noch geworden. Nur der Wind hat sich von ferne erhoben. Aber er singt nicht mehr wie im Moor.
CALLON Ich fühle meine Beine erlahmen.
GRODEK *setzt sich neben Callon:* Und ich meinen Willen.
CALLON Wir haben den Weg nicht verfehlt. Und doch glaube ich nicht mehr, daß da ein Weg ist.
GRODEK Das Amulett ist nicht mehr zu erkennen, es ist blutverkrustet.
Er zieht das Amulett hervor, das nach der einstigen Bildung: (☥) *eine sonderbare Veränderung erfahren hat:* (⁋)
Es gewinnt eine seltsame Form. Nach und nach, erscheint mir...
CALLON Was?
GRODEK Nein, Callon, wir sind auf dem Weg!
CALLON *sieht ihn an:* Es muß sein!
GRODEK *will CALLON an sich ziehen, der aber sperrt sich:* Ja ... es ... wir müssen - sein!
Pause, in der Schritte nahen.
CALLON Horch!
GRODEK Steh auf, in dieser Wildnis weiß man nicht, wer sich naht!
CALLON erhebt sich, eilt in den gegenüberliegenden Winkel. TALAIPOR tritt auf. Auch er trägt einen ausgebleichten Mantel -

doch ehemals grüner Farbe. Einarmig, wie er ist, baumelt der leere Ärmel bei jedem Schritt untätig hin und wider. Er sieht toten Auges die beiden an, seine Wangenhöhlen beben. Tritt nunmehr in beider Mitte, stiert aber gen Publikum. Ohne Wahrnehmung.

TALAIPOR Es ist schon lange her. Damals waren die letzten Ähren zermahlen, da senkte sich die Not auf uns. Und mit der Not kam das Leid. Ich aber, ich war ein Sohn der Freude. Und so mußte ich - fliehen.

GRODEK Du - woher?

TALAIPOR Es war, daß ich mich an einem prächtigen Hof befand, und die Üppigkeit und der Genuß ließen meine Adern und meine Wangen schwellen. Dann aber fiel der Feind ein und ich floh. Ich floh auf einer Mähre, die war trächtig, und als nichts mehr zu essen verblieben, schlachtete ich das Vieh und...

GRODEK Genug! Wohin denn eilst du?

TALAIPOR *der sich langsam CALLON zuwendet und ein scheußliches Lachen ausstößt:* Man hat mich Bruder Lustig gerufen, aber nichts denn Not und Entbehrung folgten, wo ich das Leben und die Freude suchte. Den Genuß, den Genuß! Ihm, ihm eile ich entgegen!

CALLON Bist du auf dem Weg?

TALAIPOR Ja!

CALLON Nach Camuanorghia?

TALAIPOR *mit tosendem, hohlen Lachen:* Nach Camuanorghia führt doch kein Weg, kein Weg führt mich nach dort. *Er steht starr, dann beeilt er sich augenfällig mit dem Sprechen.* Ich kenne den Weg nicht. Dorthin und dorthin geht es. Ich kenne ihn nicht. Ich weiß nur das Lied. Doch muß ich gehen, muß nach der Fremde gehen... *Schon im Gehen:* Das Lied, ja... *Singt:*

Vom - Schall geführt,
Geführt vom Schall
Der totgebornen Nachtigall -
Die Schar der Gräber
Kehrt zurück
Zurück nach Camuanorghia!

Ab. Callon geht einige Schritte ihm hinterher.
Callon *unsicher:* Folgen wir?
Grodek *erschrocken:* Nein, bei - Gott!
Callon Aber das Lied, das Lied, das Lied!
Grodek *zornig:* Muß ein Trug sein! Ist eine Täuschung! Sein Weg führt nicht nach dort!
Callon *außer sich:* Und unsrer? Unsrer? Wohin führt denn der unsre? Ist es nicht besser dies Ziel als keines? Als Jahre voller Ungewißheit? *Hat sich in Bewegung gesetzt.*
Grodek Callon! Gott steh' mir bei! Nicht dorthin! *Ihm hinterher; wenn er ihn erreicht, entsteht ein Handgemenge.*
Sollen die Mißlichkeiten alle umsonst gewesen sein? Du weißt, daß wir keinem Fremden folgen dürfen ... erinnere dich, unsere Stärke - war - unser Zusammensein...
Callon *der sich freizumachen sucht:* Ich kann nicht länger im Dunkel ausharren, vier Augen im Dunkel sind grauenvoller als zwei...
Grodek Vier Augen sind weniger einsam...
Callon Dennoch, dennoch -
Grodek Du hast die Wahl nicht, darfst sie nicht haben -
Callon *mit einer raschen Wendung frei:* Ich -
Grodek *der Callon niederschlägt:* Der Schlüssel!
Callon gleitet ohnmächtig zu Boden, Grodek, kraftlos, fällt ausgestreckt über ihn, schweres Atmen, Stille, das Licht erlischt. Die Dunkelheit dauert etwa eine Minute an, dann beginnt das Licht wieder zu dämmern, die Dämmerung breitet sich über die Bühne und obwaltet ihr wie ein nutzloses Menetekel. Bei beginnender Durchflutung des Lichtes kniet Grodek bei Callon und küßt ihn sanft. Callon erwacht, richtet den Oberkörper auf und kehrt sich an Grodek. Beide starren sie nun in Richtung des Publikums.
Callon Ich war allein, träumte mir, kraftlos, und der Weg führte breit und gerade gen Camuanorghia. Ich folgte ihm stetig - und dann kam ich vor das Tor ... *Pause.* Aber das Tor war aus Menschenhaut, die war gespannt über einen mächtigen Schenkelknochen, und als ich genau hinsah, da war es kein Tor mehr und keine Stadt, nurmehr diese Fahne im Winde ... und

geschrieben fand ich: „Hier stand Camuanorghia, den Weg hast du, Wandrer, nicht verfehlt - allein: die rechte Zeit." Und dann, als ich näher trat, war mir, daß Haut wie Gebein zu Staub zerfielen, und ich spürte, wie - wie eine Schlange, die im Schlund den eignen Schwanz zerbiß, sich langsam freigab und verschwand ... so wußte ich, daß ich ... gestorben war...

GRODEK Mir war es, daß ein Hase mich geweckt, aber als ich recht hinsah, da waren aus dem einen zwei geworden, die sich flohen, und jetzt waren es keine Hasen mehr, sondern Vögel ... oder ... fliegendes Getier...

CALLON *tonlos:* Ich halte dem nicht länger stand.

GRODEK Vergib mir!

CALLON Vergiß mich! *Erhebt sich.*

GRODEK Wie kann ich ...?

CALLON Ich sage dir: Vergiß mich, für mich führt kein Weg in die Stadt.

GRODEK Welchen Eid schworst du mir ...?

CALLON Das war eine andre Zeit ... die rechte Zeit ... ist nun vorüber...

GRODEK Doch - Camuanorghia -?

CALLON *brüllt verzweifelt und rennt in die hinterste Bühnenecke:* Ist zerfetzt, verweht, zerspalten, tot, verwest ... ja, verwest!

Schweigen. ADIAPHOR tritt auf, ein Einbeiniger, gestützt auf eine Krücke; staubig, mit ehemals schwarzem Mantel; seine Augen sind blutunterlaufen, er zeigt eine verzerrte Fratze; endlich naht er sich GRODEK, der ihn nicht bemerkt hat, und legt ihm eine Hand auf die Schulter.

ADIAPHOR Es ist kein Platz in dieser Welt für den Trauernden.

GRODEK *der sich dem Fremden über die Schulter zuwendet:* Dein - Name?

ADIAPHOR Adiaphor! Ich kam von Westen, dann von Osten. Ich habe das Leid gesehen und wollte weinen ... ich vermochte nicht.

GRODEK erhebt sich fiebernd, langsam zu CALLON, der sich ebenfalls umgewendet hat mit leisen, zitternden Bewegungen: Was willst du - von uns?

ADIAPHOR Meine Mutter starb mir, dann mein Vater. Mir verendeten die Brüder an einem Gift. Die einzige Schwester wurde meine Braut. Sie war mein Abgott. Dann kamen die Teufel und flochten sie aufs Rad und zerstückten sie; ihren Leib schändeten sie und warfen ihn vor die Krähen. Mich ließen sie frei, um zu erzählen. Von da an suchte ich das Leid, das größte Leid, das Menschen je gesehen, aber meine Augen vergossen keine Tränen, mein Herz blieb stumm, mein Herz blieb kalt.

GRODEK *sucht CALLON zu umfassen, der sich sträubt und von ihm wegtritt:* Nun?

ADIAPHOR Ich suchte, was mich rühren könnte, suchte kleine Hütten und alte Liebe - aber nichts davon entlockte mir ein Leben. Glaube mir: es ist kein Platz für dich in dieser Welt!

CALLON *der auf ihn zugeht:* Kennst du Camuanorghia?

ADIAPHOR Es ist der letzte Platz, der mich noch zieht.

GRODEK Callon!

CALLON Weißt du den Weg?

ADIAPHOR Ich habe alle Himmelsrichtungen bereist, mein Weg führt vorwärts, vor mir liegt Camuanorghia -!

CALLON Dann...

GRODEK Callon, nicht! Unsere Stärke!

CALLON Nimm mich mit dir!

GRODEK Nein! Er wird dich am Wegesrand verrecken lassen wie all die anderen!

ADIAPHOR Nichts anderes verspreche ich!

GRODEK Du weißt, nur zusammen können wir finden! Ich besitze den Schlüssel!

ADIAPHOR *geht langsam ab:* Ich bat ihn nicht, mich zu begleiten!

GRODEK Callon! Der Schlüssel!

ADIAPHOR *singt im Abgehen:*

Geführt vom - Schlag
Vom Schlag geführt
Der totgebornen Nachtigall -
Die Schar der Gräber
Kehrt zurück
Zurück nach Camuanorghia!

Adiaphor singt ohne Unterlaß und zieht langsam, unendlich langsam durch seinen Gesang den halb entschlossenen Callon mit sich. Die Proteste Grodeks - „Der Schlüssel!“ - *werden leise und leiser. Endlich wendet sich Callon ein letztes Mal Grodek zu - und ist nicht mehr zu sehen. Der Gesang dauert noch an bis zum letzten Wort, dann verstummt er. Grodek verbleibt im Schweigen, verharrt eine endlos lange, qualvolle Zeit. Dann zieht er das Amulett, betrachtet es, wird gewahr die Veränderung und reißt es mit einem Ruck von seinem Hals, wirft es von sich, dem Zuschauer sichtbar. Er verläßt den Schauplatz und schlägt die den beiden entgegengesetzte Richtung ein. Das Amulett liegt am Boden - im Zeichen der Metamorphose: AMENTET!* ()

Vorhang.

Letzte Szene:

Morast im Abenddunkel, das Amulett ist schließlich verschwunden. Im Vordergrund rechts liegt ein menschlicher Kadaver, halb im Schlamm aufgegangen, halb mit Schlamm bedeckt. Er trägt noch die Kleidung Callons. Während der ganzen Szene bemerkt Grodek den Leichnam nicht oder scheint ihn nicht zu erkennen. Grodek selbst mutet blind an, seine Sinne sind verwirrt, er jedoch ist kaum gealtert, nur ist er jetzt barfuß. Er betritt die Bühne im Dämmer und im Dämmer wird er sie verlassen. Das Stehen bereitet ihm Schmerzen, mehr Schmerzen als das Gehen.

Dennoch steht er still in der Mitte der Bühne und sieht in die Ferne. Er greift sich an die Brust, an die Stelle, an der vormals das Amulett hing, wird des nicht gewahr und kann sich endlich nicht mehr besinnen. Dann bewegt er müde die Lippen, es entdringt ihnen kein Laut. Zuletzt fällt er in die Knie und legt die Handflächen aneinander. Hört auf sein Gebet:

GRODEK Ich wußte einmal, daß mit dieser Verrichtung das Leben zu bannen sei, damals, als ich dich - Gott nannte. Jetzt weiß ich nicht mehr, ob ich lebendig bin und fürchte nichts mehr. Ich bete dich nicht an, daß du mir den Tod schickst oder das Vergessen, denn ich sehe schon lange nichts mehr außer mir. Nur in mir, da glüht es. Nimm die Flammen weg, du, wenn du mich endlich erlösen willst, ich sehe noch in mir. Nimm die Flammen weg. Einmal, da war noch Weg und war Zeit und war ein Mensch, ein ganzer Mensch. Nimm die Flammen, die mich lehren, hinweg. Das ist meine letzte Bitte. Ich sehe Camuanorghia brennen und zu Trümmer werden. Verschone mich mit deinem Licht. Es werde endlich dunkel. Lösche das Licht, endlich das Licht!

Pause, dann sinnverwirrt.

A - men. Amen. Amen - te - A - Ament - Amentet! Amentet!

GRODEK erhebt sich und läßt den Kadaver hinter sich. Er wendet sich nicht mehr. Sein Spiel ist vorüber.

Aus dem Buche ‘Amentet’

Ein Zyklus

Eine Stille

„Das Wesentliche ist die Fügung" sage ich und trete, einen Kloben Holz vor mir hertragend, aus der Türe.
Draußen beherrscht ein eigentümlicher Dämmer den Ort. Ich sage: „Heute noch wird es Nacht", aber ich bezweifle es.
Ein Rabe hat sich auf der Esche niedergelassen. Er hält stummen Aufschrei.
„Ist es gut?" denke ich und der Kloben fällt mir zu Füßen. In der Stube kehrt sich der Gast auf dem Absatz. Er ist geduldiger geworden, aber er verweigert mir noch jede Antwort.
Atmen gegen die Wolken. Im Dämmer.
Atmen gegen den Dämmer.
Meine Brust schmerzt wieder. Ich sage: „Hörtet ihr?"
Schon bezweifle ich, daß ich sprach.
Mein Blick gilt dem Dämmer. Ich atme den Dämmer. Was schmeckst du?
Vernehmlicher dringt es aus mir: „Hörtet ihr?"
Der Rabe ist verschwunden, kaum regt sich noch der öde Ast.
Mein Blick fällt auf das Holz. Ich schmecke Abendluft.
„Es ist der Dämmer", ich werde es wissen und kehre mich.
Der Gast drängt mir in die Arme. Schützend decke ich seinen Schopf.
„Es ist nur der Dämmer."

Lucian

„In mich hineingehext hast du dein Lied.“

(Tudor Arghezi)

SEINE Mutter starb bald nach der Geburt. Wer wird es ihr verargen: konnte doch nur einer am Leben bleiben.
All die Jahre hastete er zu unseren Spielen auf den Feldern. Dann, eines Spätsommerabends, trug der Himmel Kufi. Und darauf begann die Umwandlung. Wer vordem ein freier Junge seiner Zeit gewesen, beschloß, fortan bei den Köhlern zu weilen.
Er sang ihre Lieder, ward heimisch in ihren Bräuchen. Erst eine ferne Stunde sah ihn ziehen.
Als er dort weinte, waren nicht wir es, die seine Tränen stillten. Wir waren es nicht, die seine Stirne dort kühlten. Wir waren es nicht, die dort den Morastmond verhüllten. All das verlor sich an Andersinnige. Lucian war weit, und war er nicht fort, so war er doch weit. Ein Uneigentliches blieb indes, blieb stets indes. Und wenn uns ein Tag der Not von Westen anrief, verharrten wir stumm für ihn.
Einmal, da war's als stünde sein Bild unter der Schwelle; wir aber eiferten, Lucian möge endlich wieder auf den Weg finden. Raunten es wie eine sterbende Verheißung.
Der Nachbar führte ihn an der Hand - er kam als Greis von Mitternacht.
Fragten wir aber nach seinem Tun und Wesen, sprach er nur: „Ich bin der, der's euch nicht wendet.“
Und oft noch hörten wir ihn Köhlerlieder singen.

Charon

GEFAHREN habe er mich und begehre nunmehr seinen Lohn.
Wahr ist's, du hast mich gefahren, aber wer hieß dich, so zu tun?
Noch hat mich gedürstet, noch hatte ich Fragen.
Nun schmeckt die bittergallige Zunge das Gold nicht mehr.
Ferge, wer hieß dich, so zu tun?
Und, Ferge: was schielst du auf mich?
Was mißt du mich mit solchem Blick? Ist dies nicht der Augenschein, der euch Nächtige den Lebenden so verhaßt macht? Was schielst du auf mich, Ferge?
Ich war des Begehrens nicht müde. Ich war nicht unbeweibt, freudlos war ich nicht.
Was schielst du auf meinen Mund, auf meine Zunge schielst du, Nächtiger.
Gefahren habe er mich und begehre nunmehr seinen Lohn.
Das Land schweigt und die stille Fahrt dazu.
Ferge: Es ist so still. Ich schreckte vor dem eigenen Worte und weiß nicht mehr: ist es just gesprochen oder schon vor langen Stunden?
Sing dein Niemandslied, begehre nicht von mir.
Gefahren habe er mich und begehre nunmehr meinen Lohn.
Dein Goldstück nimm, Ferge. Es ist ja Zeit. Ich weiß.

REHN spricht:
Krieg ist, und es wird immer Krieg bleiben.
Du tust nicht den Schritt, ohne ihn zu beweinen. Du schläfst nicht, und wiegst du dich im Bette, stößt stetes Pochen dich zurück in dein Etwas. Das sind die Eingeschlossenen. Hast du sie bemerkt einmal, vergißt du den Laut nicht wieder. Und doch ist es nicht schwer, zu leben in solcher Zeit.
Die Großen unter den Opfern bereiten mir keine Angst, es sind die kleinen Toten, die wenig mehr denn Schnellvergessenen, die mir den Traum nicht gönnen. Die Liebe. Die Kunst.
Es sind diese kleinen Gräber, die kleinen weißen Gräber, die Asche, der mickrige Rest Asche, der mich ins Schweigen treibt.
Die wilde Jagd. Ich will es benennen. Es ist die wilde Jagd.
Die kleinen weißen Lilien. Es ist Krieg heute.
Nur noch Krieg.

Schwertleite

Zu altern. Und zu wissen, wie die Reue dir über die Schulter grinst. Tag für Tag. Ärmer zu werden. Arm zu werden. An der Reue genährt zu werden. Bestohlen. Das ist das Wort. Es ist das Wort. Angeführt zu werden von einer naseweisen, uralten Seele: „Was ficht dich an, Bruder? Hast du das Bewußtsein deiner Hablosigkeit nicht gleichsam mit der ersten Luft gefressen?“

Und es sterben die ersten Freunde. Sie fallen und du kennst die Front nicht, an der sie gestanden. Oder du ahnst nicht, daß es alle Tage so gewesen und du alles gleich achtend nichts für niemanden gabst.

Zu wissen. Allein zu wissen. Du weißt. Ein anderer nicht. Und du gehst, den anderen gleich, vorüber an deinem Wissen und achtest es nicht eines Wortes. Du bist halb blind geworden längst, und mit dem Augenlicht schwindet auch das Jahr.

Zu altern, und zu wissen, daß die Tage kein Leben führen.

Zu suchen, sich einzustehlen in die Liebe der Menschen, zu suchen, sich in sie einzustehlen. Du wüßtest nicht zweifelsfrei anzugeben, was dich hat veranlassen können, um solche Wesen zu werben. Und du warbst ja auch nicht. Dämmertief fielst du. Dämmertief ins Spiegelwachs.

(Idiot! Suche, so sprachst du dir selbst zu, glücklich zu sein. Oder wenigstens vernunftbegabt!)

Daß die Menschen einander im Leben ähneln. Und nicht im Tode.

Zu altern. Zu altern. Und dem Leben zu entwachsen wie einem zu üppig grünenden Hain.

Aus dem Kreis:

Geschichten, dem Ahriman abgelauscht

Die Erste: Das betrogene Kind

DAS Kind hatte erstmalig vom Tode erfahren und dachte bei sich: Wenn ich denn einst gar nicht mehr sein soll, dann ist es doch wohl besser, es geschehe sogleich. Was frommt mir denn ein ernstes Leben noch?

Und das Kind suchte sich vom Leben zum Tode zu bringen.

Allein: die Eltern waren wachsame Leute und ein Medicus vermochte mit seiner Kunst, daß das Herz des Kleinen bald wieder mäßig zu schlagen begann. Da war den Eltern aber eine Bangigkeit um die andere vertauscht: Was würde das Eigenwillige sagen, sähe es sich so um all sein Trachten gebracht?

Nun, da das Kind die Augen aufgetan, sieht es zweifelnd um sich, lächelt indes mit einem Male und spricht:

„Ich lebe! Ich lebe, und nun weiß ich, daß ihr mich mit euerer Geschichte vom Tode habt zum Narren gehalten. Das war nicht recht getan. Und doch weiß ich nun: es ist kein Tod. Also war es recht getan."

Armes, betrogenes Kind!

Die Vierte:

EINER aber sprach:

Es war spät und der Nebel blendete mich. Also zog ich aus den heimatlichen Gefilden zur langen, langen Wanderschaft ins Unbekannte. Unter mir verschwammen die Lande, der herbe Schemen meines Leibes kaum mehr vom dunklen Grunde zu unterscheiden, verzerrte sich zu einem Gebilde vager Halluzination, das Böses ahnen ließ. Doch trachtete ich nicht nach Bösem. Mir war der Sinn heiß, das Blut kochte, und rasch, rascher jug es durch meine Adern, allsogleich meinen inneren Menschen zu verbrennen.

Ich hastete. Ich durchstreifte Berge und Wälder, Täler und Ebenen, ich durchmaß Landstriche, die in der Trockenheit gähnten und Seen, die im kalten Zauber erstarrten.

So trat ich eines Morgens vor einen Fremden hin, und seine Augen luden mich zu sprechen. Und ich sprach wie folgt.

„Fremder Meister! Nicht kenne ich eueren Namen, nicht kenne ich euere Herkunft - was vermöchten uns beide auch, Menschen, Pilgernde. Fremder Meister: Ich bin ein Gesell auf Wanderschaft und ich suche das Leben, den Schlüssel zu irdischer Weisheit, das letzte aller Siegel. Meister, sagt mir: Was ist das Leben?“

Und der Meister, dessen klare, bewegte Augen tief in seinem Kopfe staken und der mich unablässig mit ihnen maß, erwiderte in ohngefähr den Worten.

„Fremder Wandersmann! Gut dünken mich Anliegen und Rede; diese zeugt von wachem Verstande, jenes aber von größerer Seele. So eröffne ich dir denn das Siegel des Lebens, wenn es dein Wille sein soll, tritt ganz ein und teile mit mir.

Mein Sohn: unser aller Wollen ist es, Glück zu finden. Alles menschliche Tun trachtet nach Glück, Glück ist der Endzweck, Glück das höchste Streben; deshalb ist keine endliche Kräftigung als das Glück, und wir vermögen künftigen Erhalt, indem wir unsere gegenwärtige Hoffnung darauf richten. Mein Sohn: trachte darnach, glücklich zu sein, und wird alles um dich erblühen und selbst wird dir zuteil die unbekannte Harmonie, das Ungeheuere.“

Maßvoll waren die Worte des Alten gesetzt, es rauschte im Blätterwerk über uns, und ganz stille ward es in mir, da die Stimme des Meisters zu preisen nicht abließ. Doch nicht sobald seine Rede sich geendigt und er verstummte, als auch die ahndungsvolle Melodie des Waldes erlosch. Ich aber ward ergriffen von Düsternis und sprach also.

„Meister, verzeiht, groß waren euere Worte, weit und erhaben dünken sie mich, doch nicht erschließt sich mir darin nunmehr das Leben, die irdische Weisheit, das letzte aller Siegel."

Und indem ich also sprach, wandte sich mein Leib und meine Füße trugen mich geschwinde weiter, so daß ich - kaum im Schweigen - schon einen Tag und eine Nacht fern von des Meisters Antwort war.

Und ich hastete. Ich durchstreifte Auen und Felder, Moore und Sümpfe, ich durchmaß Landstriche, die im Innersten von Grauen geschüttelt heißes Silber spien, und Seen, die im kalten Zauber erstarrten.

So trat ich eines Mittags in eine Höhle, in der ein Einsiedel bei dämmerndem Kamine sich mit kärglicher Mahlzeit speiste. Und da ich eingetreten, begann ich zu sprechen, doch gleich waren meine Worte denen, die ich dem ersten Meister gesprochen.

Und der Einsiedel hob sein Haupt, in dem die wehen Augenhöhlen grinsten, kaum, sondern fuhr mit der Hand ins Leere und strich mit seinen Armen wild und unbändig auf und nieder, für und für. Dann hub er an.

„Fremder Wandersmann! Du bist auf der Suche nach dem Leben, du trittst ein in das Lichterlose, während du suchest - deshalb merke: es ist Frevel. Du bist ein dunkler Geselle worden. Doch indem du zu wissen trachtest, sollst du auch Erfüllen finden, dein Leiden wird sich enden, und so du dich mir anschließen willst, zeige ich dir Weg und Wahrheit der letzten Dinge.

Mein Sohn: unser aller Leben tost im Leiden. Jegliche Kreatur leidet, und das Leid findet mit aller Kreatur seinen Anfang, denn allvorher ist die Kreatur Harmonie, dann ist sie lebendig und leidet und löst sich in Trauer und Verworfenheit, und vermag uns das Gold des Lebens, vermögen uns Liebe und Freude am Ende zu einem Mehr zu führen als zu Leid und Trauer und Übelsinn und Verzweiflung und Angst und niederster Ergebung?

Nein!

Erst mit dem Tode wird dein Leiden erfüllt, mit dem Tode erst wirst du frei; indes nicht trachte darnach, dein Leiden selbst frühzeitig zu endigen, du mußt es durchmessen, ganz, denn es ist ganz dein Leiden, so wie es deine Beine sind, die dich tragen. Wenn du aber dein Leiden in deinem Namen getauft und gelernt hast, mit ihm zu wandeln, so hat sich das Leben dir erschlossen und du wirst keiner falschen Harmonie mehr anhangen, die, weil sie nicht sein kann, dir das Leben nichtet."

Eingehender sprach der Weise die Worte, und mir war, sie gewönnen Seele und Schein mit jedem Atemzuge. Doch da ich mich rüstete, neben dem Alten Platz zu nehmen, hallte die Höhle mählich nach und kauerte schweigend in eitler Leere. Ich aber ward ergriffen von Düsternis und sprach also.

„Meister, verzeiht, groß waren euere Worte, weit und erhaben dünken sie mich, doch nicht erschließt sich mir darin nunmehr das Leben, die irdische Weisheit, das letzte aller Siegel."

Und indem ich also sprach, sog meine Brust die Luft, die schon eine Nacht und einen Morgen entfernt von des Einsiedels Höhle gleichmütig schlafende Felsen umspielte.

Und ich eilte mich. Merklich aber wurden die Schritte kleiner, mein Atem ruheloser, und das Alter holte mich ein mit leisem Tritte und rückte mir zur Seite und ward fortan mein Begleiter auf der langen Reise.

So kam ich eines fernen, fernen Tages während der Nachmittagsstunden zu einem Weisen und erbat die alte Antwort; doch indem er mich musterte mit fahlem Blick, bleckte er die verfaulten Zähne und meckerte.

„Das Siegel des Lebens? Das taugt nicht viel! Ein Rindvieh mag darnach fragen, aber du - Mensch - weshalb fragst du? Hast du zuviel Verstand oder zuwenig, daß du nach solchem forschest?

Nun aber, da du hier und deinem Alter zum Trotze noch so töricht bist wie ein kleines Kind, so merke auf meine Worte: Lust, darnach trachte, das ist die einzige - irdische Weisheit. Friß bis du kotzest, trink bis du würgst, hure bis du stirbst, das ist alles, was du erkennen wirst, denn alles ist eitel, außer der Befriedigung."

Und indem er mich umwandelte, fügte er hinzu: „Du, wenn du einen Schlafenden bestiehlst, gib acht, daß du ihn nicht weckst. Der Mensch gibt nichts aufs Bestohlensein, allein: er wacht nicht gerne auf."

Und ohne ihm Gegenrede zuteil werden zu lassen, ergriff ich meinen Stock - denn ohne den vermochte ich nicht mehr zu wandern, so sehr hatte das Alter mich gebeugt - und zog mühevoll meines Weges, so daß ich noch nach zwei Nächten und zwei Tagen den ziegenhaften Schädel des Alten von einer Anhöhe erkannte.

Und ich kroch voran. Kroch über Wiesen. Kroch durch Städte, ich schleppte den Leib durch Wüsteneien und Oasen, und mein Bart ward lang und länger und meine Schritte kurz und kürzer.

Und stand ich eines Abends vor einem Zelte, in dem ein Nomade weilte, und beugte ich mich, soweit ich mochte und sprach ich mit greiser Stimme und erheischte des Nomaden Wort.

Und also sprach mir der Weise.

„Das Leben, Alter? Hast du es auf deiner langen, langen Bahn noch nicht gefunden? So höre aus meinem Munde über das Leben.

Eitel ist es, nach Glück zu streben, nicht ist es Sache des Menschen. Körper, Seele und Geist bekämpfen einander und ist kein Einhalt in diesem Kriege, kein Unterlaß. Diese Spaltung ist das einzig erkennbar Vollkommene - wer nach Heilem strebt, schläft einen langen Schlaf!"

Und ich entflammte, denn seine Worte waren mir gültig.

„Eitler aber ist es, zu künden vom Leben als nimmer endenwollendem Leiden. Aus der Verzweiflung wird kein Gott geboren, der aller Hoffnung Bare erzeugt Wiedergänger, die das Leben vergiften. Im Leiden findest du nur Leiden, niemals das Leben."

Und immer ruheloser sann ich auf seine Worte.

„Das eitelste aber ist, der Lust allein entgegenzutreten; es ist wahrhaft viehisch; wäre uns dies Bestimmung, weshalb dann die Erkenntnis, das Gelüste rasch schal zu finden und sonder Güte."

„Ja" rief ich: „die rechten Worte weißt du zu finden, doch sage mir nun: worin ist das Leben beschlossen?"

„In der Auflehnung! In der Rebellion! Steh der Eitelkeit, wehre der Kleinheit, trotze der Verwesung das Erhabene ab! Bescheide dich nicht, sonst bist du verloren, ganz und gar! Steh auf und kämpfe!“

Aber da der Nomade also gesprochen, verfinsterte sich mir der Sinn für seine Worte, und ich erwiderte müde.

„Nomade, schön waren deine Worte und wie lichte und leichte Wesen drangen sie mir ins Gemüt. Doch bin ich zu alt zur Rebellion und kein Mensch kann immer nur kämpfen. Der Mensch muß ruhen. Nicht waren mir deine Worte ein Schlüssel, das Labyrinth gähnt also noch immer nach mir und zieht mich mit aller Gewalt. Leb wohl, Rebell!“

Und indem ich also gesprochen, wünschte ich mich vom Fleck, indes gelang es mir nicht. Ich blieb, doch der Nomade zog weiter und nahm sein Zelt mit sich hinfort. Und um mich wechselten Tag und Nacht, Morgen und Abend, Frühjahr und Herbst und Sommer und Winter. Und als der Sommer wieder gekommen war und ich mich anschickte, endlich, endlich weiter zu gehen, ward es still in den Morgenstunden und eine Gestalt mit phantastischem Antlitz trat auf mich zu und ergriff meine Hand. Und indem sie mich zu sich herangezogen, war mir, als müßte meine Jugend wiederkehren, und ich streckte die Glieder, erwachte ganz und begann zu jauchzen, und in altgewohnter Eiligkeit durchmaßen wir Lande und Gestade, Meere und Monde. Und als wir weit genug gegangen und mein Innerstes endlich gesammelt war, da sprach ich zu der Gestalt.

„Herr, großer Heiler, mein Alter selbst beugt sich deinen wundertätigen Händen. Eines, großer Mann, sage mir rasch, denn nie erhielt ich die Antwort auf meine Frage: Was ist das Leben?“

Und er erwiderte durch das Beben des Windes.

„Recht tust du, mich zur Eile zu gemahnen. Denn unsere Zeit wird enden und wir sind erst am Anfang des Weges.

Das Leben suchst du also? Aber du hast es stets in dir getragen, das Leben. Am Tage, da du ausgezogen, es zu ergründen, war es in dir; am Tage, da du anlangtest, wo ich dich gefunden, war es in dir. Es ist alt geworden in dir, Alter; es ist stumm geworden in dir, Schweigsamer; es ist zum Tode in dir verwachsen, Sterbender. Du trägst das Leben in dir, Trächtiger!“

„Aber, Fremder, sage mir rasch: Wie soll ich im Leben mich halten, es zu ergründen und darnach zu handeln?“

„In den Sinnen sei!“ sprach mir der Engel des Todes.

„Und wie aber?“

„Das ist eine Frage, die nicht ich dir zu beantworten weiß. Du mußt vergeben, doch gleich sollst du verstehen.“

Und erst jetzt wandte er mir vollständig sein Antlitz, und es war nurmehr die greuliche Fratze, der Totenschädel, der steinern grinste. Ich schrak und erzürnte und trachtete mich loszureißen, doch er faßte mich trauter und rief entschlossen:

„Nicht weit dein Ziel!“

Ich aber, ich werde dir entseelt in die Arme sinken, du Greiser. Du Letzter.

Die Sechste:

Da sprach uns einer vom Tode, ich erinnere es. Und wir fragten diesen und uns ward Antwort.

„Der Tod sät unter den Menschen.
Es steht euch nicht an, zu fragen, wie es diesem Toten ergehe.
Ist er wohlauf, was fragt ihr?
Ist er untröstlich, was hofft ihr?
Er sät unter den Menschen.
Was hofft ihr?“

Dichterfreundschaft

Er: gebürtig aus dem Schwäbischen, gebundnen Geistes, großer Nase und einer stattlichen Familie - Eigenschaften, die auf nichts Gutes hinzudeuten schienen.

Der andre: Frankfurter Patrizierzögling, Mutter notorisch briefstellernd, auf Zimmet und Samt gebettet, musenkußgeplagter Hans-im-Glück, kurz: ein verhätschelter Bengel von 40 Jahren und drüber.

Als sie sich zum zweitenmal trafen, fanden sie viele Gemeinsamkeiten: er - verschlissen vom Fieber, das ständiger Verzicht seiner Gesundheit abgefordert; der andre - gebeutelt von einem Schnupfen, den das Höfisch Weimarer Klima ihm nach einigermaßen langwieriger Kurzweil in südlicheren Gefilden aufgezwungen hatte.

Als sie sich zum erstenmal trafen, katzbalgten sie übrigens.

Als sie sich zum zweiunddreißigsten Male trafen, freuten sie sich aneinander.

Sie horchten sich wechselweise ab.

Zum Beispiel fragte er den andren:

„Wie geht es der wohllöblichen Frau Mutter, verehrter Herr Rat?"

„Vorzüglich. Und dem reizenden Gemahel?"

„Leidlich."

Und sie verstanden sich. So gut, daß ein zweiter Schwabe in ihrem Kreise von Überfluß gewesen wäre.

Ja, und als er schließlich starb, diktierte der andre noch rasch eine Unzahl behaglicher Getichte, ward in seinen Lehnstuhl gesetzt, faselte, und stand nicht wieder auf.

So war sie, die Dichterfreundschaft.

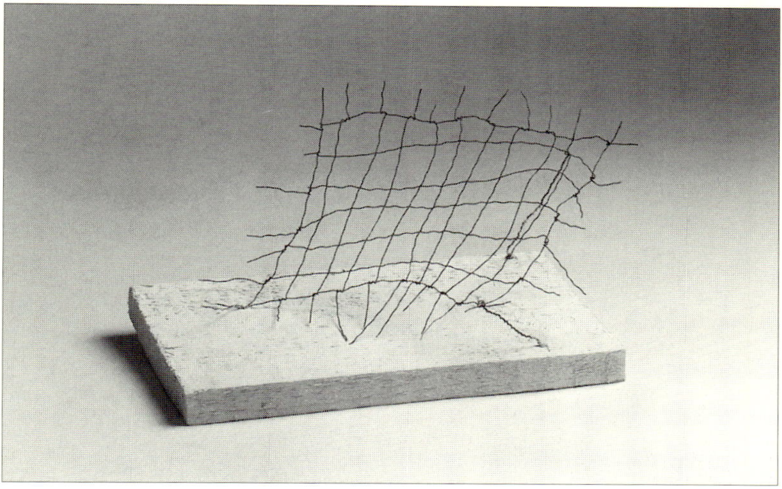

Sarrebruck Drowning

Eine Erzählung aus der Provinz

Die ersten zwanzig Triduen:

„Durch mich geht man hinein zur Stadt der Trauer.“

WENN all dies wahr ist und in dieser Gestalt - dann, ja dann geleitete ihn dorthinaus der Beginn von Sibelius vierter Symphonie. Aus Licht in Nebel. Weinender Frost, Klirregen. Schritte, nur wenige, und Beingewimmel, allgegenwärtig hier. Sein schleppendes Fußtasten in stets ungleichem Tritt und: Stehen, die Bö faßt ihn hämisch um die Kehle.

Viertel nach eins und Bahnhof. Wer sich jetzt umdreht, kehrt nicht mehr zurück. Aber wohin auch? Kein Gepäck?

Die weiteren zwei Schritte sind eine Lüge. Und es ist nicht gleichgültig, wie er sie gesetzt haben mag. Der Blick ist unschuldig, was er auch streift, er ist unschuldig. Auf seiner Höhe ein schwach beleuchtetes Nummernschild.

SB - XS 33

Ein Taxi, vielleicht: eine Gelegenheit. Jedenfalls nicht derart starr bleiben, weiterrücken, inmitten treiben. - Nun hat er sich doch umgedreht. Leider. Verwässert und schwarz, der Zeiger der Uhr rückt um einen Strich noch dämmerwärts.

Und das Taxi schwelt in Regung.

Theater - wählt er als Zielort; weshalb auch nicht, Theater ist jederzeit der rechte Platz. Was nur knirscht das trübe Gesicht im Spiegel?

Um diese Zeit? Wirklich - Theater? tönt es in mir, mir im Spiegel.

Blinder grauer Filz umspült seine Knie, lang ausgestreckt durchzittert er die Zeit auf der Rückbank. Dann vorbei an rastlosem Kobalt, Teer, angestaunten Häuserleichen, Neonkot, überall blaut Sperrbezirk; Regenmorgen, Regen tränt auf Autodächer, Blutbarracken, ausgeschwefelt.

Doch: die Nacht. Xenonkrallen. Hungern zwischen Betongötzen. Ohne Menschen, ohne Lieder. Indes: die Bremse. Wehrlos graut das Augenpaar jenseits meiner Schulter. Die Symphonie endet ihm hier, ich stelle das Radio ab.

Er sucht in seinen Taschen und findet genug, reicht es mir hin; ich fürchte, wir sehen uns wieder und rasch, dann weicht mein Fuß nach rechts aus und der Wagen läßt zurück:

blinden grauen Filz vor Monumentalbau.

Noch haben seine Augen sich nicht abgefunden damit, nichts zu erspähen. Halb zwei Uhr vorüber, der Pechstrom vom Himmel nimmt zu. Die Schritte kläffen endlos stets, blonddurchwässert der Mantelkragen. Zu was Ende ihn seine Beine jetzt wohl tragen. Geradesogut könnte er sie verkaufen. Früher oder später muß er ohnehin etwas zu Geld machen, in dieser Stadt.

Das Gras fällt, schmalen Weg freigebend, zum Ufer ab; dorthin tritt er jetzt. Unruhig treibt das Auge auf den Wassern, der Blick will weinen, ziert sich nur noch, weshalb denn - traumverwirrt?

Von jenseits dröhnen die Explosionen der Vierzigtonner, vorbei, immer vorbei im Autobahngewimmer. Und die Gottesrinnsal nimmt den Kampf nicht auf, kaum daß man sie sähe, noch gar vernähme.

Dann aber bricht in ihn wie ein Schrei: das Angekommensein. Regen furcht noch stumme Falten schneller in sein Angesicht, diese Nacht, so glaubt er, verbringt er am besten am Ufer, dort im Gesträuch.

Die andren zwanzig Triduen:

„Durch mich geht man hinein zum ewigen Schmerze."

Am Morgen indes - und nicht nur an diesem - wacht er hastiger auf, bis er vielleicht gar nicht mehr zu schlafen vermag, wenngleich ihm auch nichts bleibt als dieser Schlaf. Er sucht - vornehmlich den allnächtigen Büschen und Hauseingängen zu entrinnen.

Das heißt für ihn:

Blau. Zischt ihn an, stöhnt ihm entgegen. Urtiefe, Brache, ein Lied aus Teig.

Café im Herzen der Stadt an einem ewig toten Spätabend, und Bleischleier krücken über Scheibe und Firnis.

Er müht sich, zu schreiben - und soll nicht. Er wird nicht.

Nur dem Taxifahrer wird er begegnen. Vor dem Bahnhof, ein um das andere Mal. Sein Blick wird dann erkalten. Ein um das andere Mal.

Und in jenen Tagen will Heimat herauf unter dem Obdach vielleicht einer nicht mehr ganz jungen Prostituierten. Die trägt ihr Haar gefärbt, seit Jahren schon, und so wird ihm ein Platz zum Schlafen gewiesen.

Wenn die Träume aber kostbarer werden, nimmt alles wieder seinen Lauf.

Dann trinkt er sich endlich satt am Regen, der blinde graue Filz.

Die letzten zwanzig Triduen:

„Laßt jede Hoffnung, so ihr eingetreten."

Was aber dem Tode angehört: fett ist es und fetter muß es werden. Dem Lemurenhort verabreicht, Stück für Stück für Stück für Stück. Wer nicht schläft, wird nicht wachen, heißt es. Wer aber wacht, soll nicht bleiben.

Wenn die Tage kürzer werden, werden es rasch auch die Nächte. Dem Umherirrenden gilt das nichts. Nur muß er sehen, sein Vergessen zu behalten, wird er in seinem Dunkel aufgespürt und wundgerieben am Pflaster. Er kann die Nähe dann der Autobahn suchen, gleich ob sie nach Norden oder Osten trägt. Um einen Zahn ringt er mit sich, er bewahrt ihn. Lange.

Einmal indes, da wird er es heißen, ein andermal zum Theater zu fahren, das Taxi, einmal, ein andermal, und wird zum Ufer sich kehren, sein Prämolarenopfer zu bringen. Unter solchem Himmel, zerschlissen und inkontinent. Und wird sie wiederkehren, die Symphonie.

Nur mir allein klingt sie in gläsernen Morgenstunden, wenn nach der letzten Fahrt der Blick kaffeeumwühlt den Schloßberg hinab und ferner gleitet.

Dann treibt dort an der Oberfläche des todesmatten Khakiflusses abwärts, immer abwärts im Glast eine ausladend-aufgeschwemmte Masse, gehüllt in blinden grauen Filz, und alles, alles, was ich denke, mag sein: - quasi adagio. Dämmerwärts.

Später Herbst

Prosa des Heimkehrenden.

Ich bin angekommen mit dem Spätzug, aber ich kenne diese, meine Heimat nicht mehr. Die Stadt döst verfinstert und atemlos, eine Totenmaske, in den nächtlichen Nebeln. Von ferne jaulen die Köter der Vorstadt, manchmal, Kind, das ich war, erschien mir das die rechte Musik der Stunde. Heute bin ich alt geworden.

Ja, ich sehe die Menschen nicht, die hier leben. Wer kann hier denn noch leben? In einem dieser Häuser erwachte ich frühmorgens und beschloß, zu werden. Ich habe diese Stadt gemieden seitdem und meine Wiederkehr ist nichts denn dumme, feiste Idiotie. Sicher bin ich alt geworden, daß ich zurückgekehrt bin.

Vielleicht daß ich mir ein Bett bereite, hier unten am Fluß, unter der Brücke, oder dort im alten Hausflur, wo ich als junger Bengel so oft auf den nackten Dielen gesessen und gelauscht. Oder ich suche den Alkohol, die Berührung oder den Grabruch von tausendmal beschlafenen Hotelbetten. Aber bin ich denn schon so alt?

Du, Heimat, bist ein Stück Dreck, Du bist nichts für mich und warst mir nichts, ich habe kein Zuhause und werde keines besitzen. Deine Nebel, Heimat, faulen, und die Enge Deiner Gassen und der Hirnschalen Deiner Bewohner öden mich an. Du brauchst mich nicht, und ich Dich nicht. Habe ich, dies zu erfahren, heimkehren müssen? Nein, ich bin noch nicht alt genug für diese Gruft.

Eine Stunde Aufenthalt schon ist zuviel. Ich kehre dorthin zurück, wohin keine Rückkehr möglich scheint und begehre ab heute kein Wiedersehen mehr. Deine Köter und Deine Menschen jaulen und stinken, laß Dir, Heimat, eine neue Melodie schmieden, aber rechne nicht mit mir, denn mein Amboß bleibt leer für Dich. Der Zug geht in fünf Minuten. Ich bin jung genug, ihn zu erreichen.

Dies Veneris-Zyklus

Nacht - Schlaf

I.

Es war, glaube ich, die siebente Nacht, und dichter Nebel schien aufgezogen zu sein, der mir die Aussicht auf das Tal hinderte. Ich stieg die breite Treppe hinan und horchte auf meine eigenen schlurfenden Tritte.

Tag der Erstkommunion.

Oben, vor der mächtigen Pforte angelangt, sah ich ängstlich, bald haßerfüllt, bald wehmütig, zurück auf meinen Weg, und die Risse in den Dielen gaukelten lichtdurchflutete Arabesken vor mein inneres Auge.

Desastres.

Ich verharrte. Die Worte suchten sich zu ordnen, doch mein Mund blieb schweigsam. Nacht kennt keine Stimme. So still war es ringsumher, daß ich glaubte, mein Herz langsam und in ungleichmäßem Takte ächzen zu hören. Mein Atem war das Vernehmlichste. Dazwischen ein leises Knarren des Holzes, je nachdem, ob ich mein Gewicht auf das rechte oder das linke Bein verlagerte. Rechts: scharf und splitternd, links: tief, dumpf und hohl. Dort mußte es frei und schwindelschütter dreißig Meter in die Tiefe gehen. Allein von der körperlichen und seelischen Balance hing der Fetzen Leben ab, der noch blieb vor mir, über mir.

Tintagiles Tod.

Und das Wimmern vom anderen Ufer der Türe hauchte und brüllte in mein erschöpftes Ohr wie das Stöhnen und das Klagelied eines unter der Folter Zersplissenen. Die Ratten waren es, die die Hymne sangen, die meine Nacht mir ankündigte.

So stand ich unentschlossen vor dem mächtigen Verschlag und achtete nicht, daß meine Kerze dem Erlöschen nahe war. Wachs war mir auf Hemd und Hand getropft, und erst jetzt fühlte ich stummes Erkalten und Schrumpfen auf meiner Haut. Wieder war es still, und es schien, als sei der Kerkermeister darangegangen, eine kleine Minute Ruhe zu gewähren, um den Gefangenen dann mit Wasser zu beträufeln, ihm die Zunge anzufeuchten, den Stimmbändern vielleicht Gelegenheit zu geben, ihr tristes Moll wiederzufinden, daß er dann die Prozedur könne von vorn beginnen, nur heftiger noch und unerbittlicher.

Ich gestehe ja, Herr, ich bin schuldig.

Und in der Stube geiferten die Nager.

Dunkel, wie es nunmehr um mich geworden war, suchte sich mein Auge einen Punkt in der Treppengalerie, auf dem es verharren und einen kleinen Moment - hoffen - könnte. Doch die Schwärze war zu stark und rief unaufhörlich meinen Namen. Hinein also, und der große strenge Schlüssel bahnte mir Weg.

Spärlich war die Kammer erleuchtet, durch das große Fenster im Dache tropfte jäh ein breiter Strahl Mondlicht, und Nebel drang klamm und kalt durch die Öffnung, um schwer im Zimmer zu verrauchen.

Kein Tier würde seine Stimme ertönen lassen in solcher Nacht, kein Mensch stiege auf einen Turm in solcher Nacht, denn die Dunkelheit ruft und mit ihr ein Dämon in der Brust ... Ich bin auf den Turm gestiegen, denn ich hatte Angst. Ich bin im Turme nun. Ich habe Angst. Ich werde meine Angst nicht verlieren, wenn ich eine Kerze anstecke, aber was muß ich tun, daß das Tier von kaltem Schweiß meinen Nacken verläßt und sich vor mir beugt ... wozu habe ich die Bücher der Kabbalisten, der Alchemisten studiert und das letzte Wangenrot eingebüßt in diesem Studium, wenn nicht, um den Dämon Angst zu besiegen. Aber er sitzt noch feister nun, ein Bonze in Harnisch, und Stunde um Stunde, Herzschlag um Herzschlag wird sein Lachen stumpfer und lauter, und da, da ist auch schon sein Gröhlen vernehmlich, da höhnt und bellt es in mein jungfräuliches Ohr. Oh, ich bin verwundet, bin geschändet, zerbrochen ... und ich stürze in die Knie und rase, doch es ergreift nur eine Ratte in müßiger Haltung die Flucht mit großen, roten Augen ...

Gott, wenn Du meine Augen schauend das Elend der Welt erschaffen hast - weshalb gabst Du mir eine Seele so taub, so taub?

Mechanisch ziehe ich einen Kreis um mich. Und habe plötzlich das Gefühl, daß ich wahnsinnig werde. Aus dem Kreis trete ich, wende mich ab und setze einer Kerze das Feuerhaupt auf. Alles ist gut - für diesen Moment.

II.

Die Schritte der Verzweiflung sind die kleinsten. Ich leide, also bin ich. Doch im Grunde geht es nicht vorwärts und hinter mir habe ich selbst die Türe mir verschlossen.

Das Licht der Kerze schwankt im Zimmer und vermischt sich mit dem gelblichen Schleim des Mondscheins. Wo sie aufeinandertreffen, kreuzen sich meine Beine! Ich habe die Dämonen der Hölle aufgerufen, mir zu lauschen, doch es ist Stille geblieben. Vollkommene Stille, und selbst meine Erinnerung beginnt mich glauben zu machen, daß das gellende Ungeziefer, das ich erhört, nichts war als ein leerer Wahn.

Ein Wahn.

Ich habe Angst, wahnsinnig zu werden, und die Unmöglichkeit, dem zu entgehen, lähmt mich. Die Angst, die Angst: sie ist zu groß, an ihr sind Pentagramme und Kreuze zerbrochen, ich habe die Runen geworfen, und sie fielen und - schwiegen. Sei furchtlos, denn es ist gewiß.

Ja, es ist gewiß: ich sterbe hier.

Die Luft flieht mich, sie zieht vorüber an mir, und stelle ich ihr nach, erhasche ich nurmehr einen Ruch, einen Hauch müden Moders. Mehr soll sie mir nicht geben, es ist nicht gut, den Verzweifelnden zu täuschen, denn was mich tötet, ist die unschuldige Hoffnung in meiner Brust, die ich nicht mehr retten kann, denn ich weiß ja, daß ich in wenigen Stunden diesen Turm wieder verlassen werde und nichts geschehen sein wird. In meinen Händen, zwischen den ineinander verkrampften Fingergliedern, spüre ich das Kruzifix.

Es wird nichts geschehen sein. Desastres.

Und doch, morgen abend - es gibt kein morgen, das mir in meiner Lage vorstellbar wäre - morgen werde ich wieder auf den Turm steigen, und dieselbe Angst wird Besitz von mir ergriffen haben, und dieselbe Prozedur werde ich fürchten, doch es muß geschehen sein eines Tages, eines Morgens, nur wie, Allmächtiger, soll ich es geschehen machen?

Um mich her ist eine Bewegung entstanden, und ich fühle, daß ich nicht mehr allein bin. Es ist dasselbe wie vorige Nacht, und wieder flimmert die Kerze ihre Trübsal in regelgemäßem Atmen. Ich kann nicht sprechen, denn meine Zunge ist verklumpt und die Wucht meiner bleischweren Tränen benimmt mir die Luft. Ich kann nicht einmal mehr schlucken, und so versuche ich, oh Herr, zu gähnen und fühle die Last in meinen Lungen, sehe die Augen und spüre die Hände und Krallen und das fleischige Wispern derer, die da noch zu sprechen vermögen und zu kichern und meckern, ihr Blöken durchbricht mein Ohr, und der Schaum tritt aus meinen Poren, sammelt sich vor dem Munde. Unfruchtbar sei jene Nacht, denn was ich fürchte, das kommet über mich!

Mein Schädel gleitet zu Boden über meine gekreuzten Beine hinweg, und jetzt sehe ich - Gott! - den Bonzen, Gott, den Bonzen mit feistem Lachen, Gott...

III.

Erloschen ist die Kerze. Über die Dielen strömt feiner Staub. Eine Ratte stößt ihre Schnauze gegen meine Lippe, leckt das Blut, das sie gelassen auf dem Grund.

Bis zum Morgen verharre ich offenen Auges in dieser Stellung. Erst nach kurzem Schlaf finde ich wieder, was du Bewußtsein nennst.

Ich verlasse den Turm und blicke in den letzten Nebelstreif.

Die siebente Nacht.

Dies Veneris

„Gott des Zornes, Gott der Zähren... „

Da bist Du!

Ausgezogen und den Weg verfehlt.

In die Nebel der Nacht hatte der Gang geführt, oder es war die Stunde der Morgendämmerung, die die Sonne mutlos meidet und während der die Sterbenden auf ihren Leichenlaken dem letzten Lichte harrend, ihren schwersten Seufzer tun. Es wollte nicht tagen und mit jedem Schritt, den die Beine taten, bebte unter ihnen der schüttere Grund. Um die Füße sammelte sich das Wasser, in den Schuhen, tiefer, sachte.

Aufzuwachen in der Nacht und eine Stimme, die den Namen ruft. Klagend nicht, noch gar wehmütig oder haßerfüllt - nur voll zitternden Wahnes, bestialischer Schwere. Sich anzukleiden und in die Nacht zu gehen oder in den Morgen, und dann - getragen und getrieben von der einen Stimme - den Weg zu verfehlen.

Kein Laut und kein Wind, nicht das Heidekraut, das leise bebte, nichts, was auf Bewegung hätte schließen lassen, nur das eigene Gewicht, das in die Tiefe zerrt, und die Stimme. Einmal, zweimal, immer wieder. Den Namen. Das Gesicht, das sich verbirgt hinter dem Schmutz, in den es eingetaucht nach dem Fall, und wie die Arme suchten, die schwere Masse Fleisch zu stützen und dabei durchgriffen durch das schmale Stück Erde, ein Fenster schufen ins Schwarze: das Gesicht kennt die Richtung nicht mehr. Nur die Stimme bleibt. Keine Irrlichter, schwarzer Grund und Schleim und Morast, ein Beben des Weltzornes.

Es war die Nacht auf den Freitag und das Fieber hatte Träume versagt.

Du bist es!

Jetzt Du!

Stille dringt dröhnend dumpf und taub in den Ohren, erbricht sich über das Land und nun nur wieder der Ruf der Stimme, atemloser Kehle entwunden.

Der nächste Schritt - es gilt: und es schummert unter dem Schuh - Sinken. Ächzend suchen die Gelenke, sich zu befrei´n, während das Moor nur schwach sich windet und dagegenstemmt. Bebend sich lösen und zu wissen, daß hier der Tod wartet und die Glieder zieht und zerrt, marionettengleich.

Fünf Schritte zurück, Wasser spritzt.

Die Richtung, aus der man gekommen, läßt sich nicht bestimmen, kaum sieht man die eigenen Regungen. Die Töne scheinen von überall her zu stürmen, doch niemandem nirgendwo anzugehören. Blindlings weiter drei Schritt und sich abermals sicherem Grunde entführen. Diesmal mit beiden Beinen. Annähernd in Kniehöhe ragt das linke noch aus dem Morast. Schwer, wassersvoll: das rechte Bein, doch es steht, und es gelingt, sich hier wieder auf Land zu retten. Zu liegen, Fieber pulst im Hirne, Schweiß treibt den schweren schwarzen Kot aus dem Gesicht in langen Bächen in die Ohren. Und nach und nach ergreift Dich die Stimme und zerrt Dich in Schlaf...

Schlafe! Erwache!

Einen Sabbat träumst Du Dir zurecht im Kreise der Deinen, lebenerfüllt, das übrige ist eine Frage der Intensität des Fiebers. Und es wird nichts geschehen, was Dich gewahren ließe die Gefahr des Morastes, der in Dir ist und sich die Lippen leckt, Deines Leibes wegen, lüstern, geil. Umso größer ist - Gott! - die Enttäuschung, erwachst Du und siehest Dich im Moore*, und es bleibt dunkel, finster, still* ... Ja, still...

Es gilt!

- Doch jetzt ist es soweit, eine Schlinge hat Dich aufgerichtet und Deine Beine beginnen bleiern ihre krankende Bestimmung wiederzuentdecken, alles nur, Gott!, weil die verfluchte Stimme zu singen und summen beginnt, Deinen Namen, einmal noch. - Und Du läufst, rast, weil nur Schluß sein soll mit der lebenden, webenden, bebenden Hölle, und schon *ist* es zu spät, weil der Gott den Schlund aufgetan hat und sich gähnend anschickt, die Zähne zu gebrauchen.

Während Du sinkst, fühlst du ein Ziehen in der Brust und hoffst - es hätte Dich doch erwischt, das Fieber zerfräße Dich, besser in die Finsternis an einem schwarzen Freitag, und besser hier, jetzt, als ewig denn - ausgespien.

Und genau in diesem Moment beginnt es zu tagen, und - klage es Gott! - ein Arbeiter wird die Stelle Deines Sinkens kreuzen, weil ihn sein Weg durchs Moor führt - aber er findet nichts als vielleicht vage Spuren und Deformationen im weichen Grund.

Andere werden kommen und blind und taub sein und nur finden - vage Spuren und Deformationen im weichen Grund.

Weil es schon zu spät war.

Für Dich, mein Freund.

Die Tempelnacht

Vorbereitungen zur Tempelnacht

Ein Mond hat ihn geboren und gerufen auch. Das Jahr verstreicht und schweigt, ein Gott ertrank in grünem Styx: das Jahr verstreicht, verweht.

Wind bäumt sich auf, diese Nacht bäumt Wind sich auf. Er lehnt in der Tür, Sein Blick: er streift die Stadt und ihre adergleich durchpulsten Höfe und Gelasse. In Ihm schweigt sich tot / der Gott / ertrank im Styx. Greller Mond steigt auf und jammert müde: rötet sich der Platz mit Menschen, Höllenvorort, Höllenvorwort, noch ein Schritt. Er schließt die Tür und weiß genau: die Tempelnacht. Zeit kehrt wieder, kehrt zurück, sie ist da, Stunden noch.

Der Mond, der Ihn gerufen, stöhnt: nur Stunden noch. In Seinem Hirn, da schweigt es zäh, und doch verrichtet Er das Nötige, bereitet Er den Dienst. Ambra, Kupfer, Weihrauch. Onyx, Jaspis, Turmalin. Der Gott, ertrunken, schläft sich aus, er reicht den Turmalin und Er nimmt ihn dankbar hin. Das Messer schärft Er und es betet leise, grell und grenzenlos von irgendher: hör nicht zu, sieh nicht hin, sieh da nicht hin. Rot entblättert sich der Rost, rot bist du und bleibst du, schleifend kehren hin und wider Hand um Hand und Hirn und Gott und blutentfärbt durchzuckte Wacht:

Bis die Zeit gekommen ist und greift das Händchen stumm und starr der Kleinen nach dem Arme Sein … zur Tempelnacht.

Die Tempelnacht

Gar kein Feuer winselt leise, doch die Hitze schwelt und thront. Ob der Stadt, dem Höllenvorort, wo klammheimlich, tonlos, schweigsam, Schmied und Heizer bei dem Weibchen sich die Zeit vertun. Zeit geht, Zeit schwebt ahndungsvoll vorüber. Stürzt Er Sich und auch das Kind vornüber über hohe Mauer in den Tempelvorhof; brennt ein Licht, du siehst es nicht und weiter dann ins Tempelinnre. Hascht der Zug, der kurze Zug, vorbei an Götzen, Statuen, Bildern, bis erreicht Er einen Graben, der da weist das Allerheil´gste. Heftig zuckend setzt Er über, reißt das Kind, das Kind mit Sich und starrt die Kleine, angstvoll bangend nach dem großen Turmalin - zur andren, andren Seite hin. Der Altar dort, tränenweise, jammergroß und Höllenborn - gähnt Ihn an; und wimmert leise schreckensbleich das kleine Kind.

Er nur bittet Gott um Rache, die ein´ andre Hand verschuldet, sich an Seinem Blut geweidet und Er starrt zur Maya hin - gehle Lichter flackern helle, sieh doch, wie Er zieht am Schleier, grinst herfür das krasse Bild: Seine Liebe muß doch töten, muß zerfleischen, hungrig ist und garstig wütet wider Ihn das ganze Wesen. Weise, Herrgott, mir die Hölle, trotzig will ich Kessel sehen, brodelnd voll der härnen Leiber, Herrgott, hilf mir nur zur Rache, töten muß ich und geschwind.

Rückwärts wendet Er die Schritte, hält zur Rechten Turmalin, Onyx, Kampfer, brennt den Weihrauch in der Linken, steigt dann hintwärts in den Graben, rastet nicht. Hastet Er der Pforte zu - die Kleine weint und voller Sorge, setzt Ihm nach, auf Ihn zu - zieht das Messer: *„Für die Mutter, in das Kind."*

Tausend magre Ratten geifern: In dem heilgen Vorort drauß´ schlachtet Er das Kind und Sich.

Aurora

Auf einer jener ausgedehnten Fluchten muß es geschehen sein. Allein: ich kenne weder Ende noch Beginn, und es ist mir versagt, die Umstände zu erforschen, bin ich doch nur letztes Glied der Glieder, die einmal mehr als ich erfahren und doch kaum mehr davon ergriffen. Auch obliegt mir das Schweigen über die Tiefe der Begebnisse und wer kennte nicht die Wucht verlorener Phrasen, bei Gott!

Ihr Name war Eleonora. Ihr Leben wies ihr die Angst, und die Angst war es, die sie nicht zu Ruhe kommen ließ. Des Nachts aber oder in den ersten Stunden der untergehenden Sonne schlief sie auf den Decksteinen der Familiengrüfte, und erst der Morgen sah sie erwachen und meistens schmutzig und taubeklebt. Von der Natur übergangen, forderte sie ihr Recht. Richter schwiegen aber zu jener Zeit.

Es muß geschehen sein auf einer jener ausgedehnten Fluchten. Und tatsächlich kenne ich nicht Anfang noch Beschluß. Die Tage waren gewichen und in den Wäldern schulterte die Nacht das schwarze Rüstzeug. Dunkeln wollte es aber nicht, und so blieb Zeit zur Suche. Und Eleonora suchte. Vornehmlich ein Nachtlager. Der Weg war breiter geworden und die Bäume höher, und dennoch: kam die Nacht nicht. Erst nicht. Dann wandte sich Eleonora in den Wald und fand bald Nacht wie Lager. Auf dem verfallenen Anwesen, einer Mühle, klapperten Fensterläden ein sterbendes Kyrie, es roch nach faulem Obst, morschem Holz und altem Schweiß. Die Türe stand offen, doch mied das Kind die weiten Arme und suchte sich als

Eingang ein Mauerloch. Mit ihrem Eintritt aber ward es Nacht und Eleonora bettete sich auf einen Sack Mehl.

Dann erwachte sie wenig später, denn der Wind hatte die Flügel der Mühle in Regung gesetzt, und schwer knarzten sich die Gesellen und mühsam vom Fleck. Doch das war es nicht, was sie erwachen ließ, vielmehr fuhr ihr in regelgemäßem Kreisen ein Hauch über die Stirne und hieß sie erwachen.

„Wir schlafen nicht mehr. Wir mußten vergessen, was Schlaf bedeutet."

„Die Nächte fliehen mich. Tage bereiten mir Qual."

Eleonora erhob sich und setzte hinzu: *„Laßt mich schlafen. Ich habe nichts. Nehmt mir nichts mehr."*

„Wir schlafen nicht mehr. Wir mußten vergessen, was Schlaf bedeutet."

Und Eleonora folgte dem Müller. Oben angekommen, setzte sich dieser und wies ihr einen Platz im Winkel zwischen zwei Türen an. Er sah ihre leidvolle Schönheit und schwieg. Draußen wogten schwer die Mühlräder und zermalmten Bein um Bein.

„Wozu?" entschloß sie sich zu fragen und der Geächtete senkte langsam das Haupt.

„Aufgabe und Fluch" erklang es wie zur Antwort.

Eleonora stützte das Haupt auf die Knie und zog langsam die Beine an den Leib. Und von Müdigkeit überwältigt, schlief sie endlich.

Bis die Steine stille standen und es tagte. Sie hatte geträumt den einen und selben Traum, den sie fortan immer träumen sollte: Sie sprach das Jawort, vor Ungewißheit zitternd - und der Gaumen bebte, und das schüttere Haar mit achtzig Jahren, und doch hatte sie sich entschlossen und würde bleiben müssen, bei Tag wachen und nächtens mahlen. Und träumen, aber nie wieder schlafen.

Eleonora lief noch in den frühen Morgenstunden fort von dem Ort und irrte leer durch die Felder. Und als es Abend läutete von fernher, suchte sie Herberge in der Richtung, von woher die Töne klangen. Aber nicht wurde es Nacht, bis sie von nahe die Mühle sah und sich besann, sachte *„Ja"* raunte und durch das Tor trat.

Der Müller reichte ihr schweigend die Hand und nahm sie mit in die Stube. Oben kauerte sie sich in ihren Winkel.

Nach einer Woche und einem Tag, nachdem sie achtmal entflohen war und zurückgekehrt, floh sie nicht mehr, nahm die Säcke auf den Rücken und begann, Gesell zu werden.

Der Müller sprach selten.

„Es ist unser beider einzige Rettung: ein Kind muß geboren werden. Dein und mein Fluch ist derselbe: wir sollen nicht leben und dürfen nicht schlafen. Die anderen harren unser seit Jahren. Du bist spät erst gekommen. Zögern wir, wird die Qual nicht minder werden. Unsere Tochter muß leben und wir wollen hoffen."

Eleonora schwieg.

„Aurora muß ihr Name sein. Laß uns hoffen. Die anderen schweigen für uns."

Und der Akt der Zeugung vollzog sich beim schweren Keuchen der Mühlräder und unter dem toten Rasseln der Knochen.

Eleonora fühlte nichts und schwieg. Sie sah, daß sie ein Kind gebären werde und bald.

Und sie fühlte nichts. Vielleicht war das die Erhörung.

Aber:
wird Aurora das Kind sein, das sie gebären will?

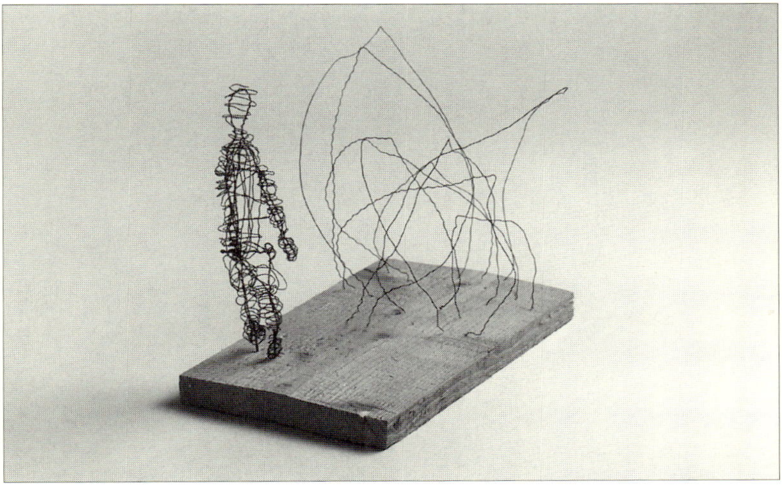

Der 40. Tag vor Sophienlund

Ein Zyklus

Der 40.Tag vor Sophienlund

-Kein Acker trägt Brot / Es dengelt der Tod / Die Sense von Radolfstede.
(Landsknechtsweise)

-Is autem, qui in grauamen partis alterius in iudicio aliquid iniuste fecerit per gratiam, vel per sordes, siue ordinarius, siue delegatus sit, ab exsecutione officii per annum suspendendus erit, et ad aestimationem litis parti, quam laeserit, nihilominus condemnabitur.
(Giovanni Paolo Lancelotti: Institutiones iuris canonici, Lib.III, Tit.XV, §8)

WÄHREND der Belagerung von Sophienlund, während der langen Zeit des Hungers und der Nächte ohne Ende, Tage ohne Ziel, geschah es, daß unter Zustimmung des Rates am 40.Tage eine Gesandtschaft der Kurie Einzug halten durfte in den Mauern der Stadt, zu dem Ende, den Magistrat zu einer Lex deditionis zu veranlassen; einer Übergabe unverzüglich sich willens zu erweisen unter dem Versprechen voller bischöflicher Sicherheiten.

Der Gesandten Siegelführer war ich.

Man beriet in die tiefen Abendstunden - ich empfahl mich. Ein Gesandter in Angelegenheiten des Kriegsrechts soll sein Unterkommen publice nehmen, also bezog ich Quartier in einem Gasthaus.

An der Fläche des östlichen Himmels gewahre ich Funken schaler Röte. Ich wähne, es mögen die Heerfeuer sein, ich sehe den Mond, und auch er trägt Purpur. Blicke um mich.

(-Qui contra leges et conscientiam, corruptus iudicat, varie punitur.)

Ich trete wieder in den Kreis der Räte. Unwillkürlich. Meine Rückkehr ist unbegründbar, ich nehme teilnahmsvollen Einblick in die Kurialakten und nicke bedeutsam. Ich bitte ein andermal, mir Urlaub zu gewähren und ziehe mich unter läßlichem Stirnrunzeln der Alten zurück. Ein Bursche leuchtet mir.

Indem ich die Aussicht in die östlichen Höhenzüge meide, schreite ich unter die Schwelle meiner Herberge. Der ahndungsreiche, der merkuriale Geist, der unterwegen mir rittlings aufgesessen, verläßt mich. Die Tür wiegt sich in den Angeln, ein Erfassen des Mondes. Er *ist* rot.

Wohin soll ich mich wenden, wenn diese Nacht mich nicht flieht. Es gibt Nächte, die enden dem, der ihnen geweiht ist, niemals. Unsere Zeit ist alt.

„Vergib mir, Herr, und laß auch mir zuteil werden meiner Nächsten Vergebung."

„Amen."

Mein Hauch streift das Zeichen des Lamms, kupfern windet es sich wieder meiner Brust entgegen.

Ein letzter zögerlicher Blick -:

Rot.

Erloschen schmeckt die Luft im Hause. Es dunkelt still in Zeiten des Krieges, dies Schweigen ist die größte Macht. Wer mit uns ist in solcher Zeit, wer uns im Schweigen an die Seite tritt, dem wird unser Herz für alle Zeit. Mag sein: auch mehr.

Der Bursche führt mich. Ich spreche Niederdeutsch, er dient mir wortlos. Fünfzehn Stufen, dann fünfundzwanzig, ein schmaler Gang, ein Eckzimmer.

Der Bursche hilft mir beim Auskleiden, er wird entlassen, löscht das Licht, schließt die Türe, ich sichere sie.

Blicke um mich. Unwillkürlich.

Ein westliches Fenster, tief - und schwarz. Ich bette mich.

Verliere mich. Und rasch.

(-Varie punitur.)

Ein Würfel fällt. Ein Würfel.

Ein Würfel fällt.

Ein beinernes Geräusch.

Ich lausche.

Ich höre:

das kurze, biderbe Zucken, ein glucksend halbbedecktes, tropfen-tönendes Zittern des zwiefach gerührten ledernen Bechers; das Innehalten und - den Stoß.

Dann rote Stille. Wenn Landsknechte Augen zählen.

Lange zählen sie. Augenblicke. Das Schweigen stiert in meine Ohren. Ein Würfelspiel.

Ich gewahre das Fenster, das westliche Fenster. Und atme in mich. Kein Laut dringt zu mir, nicht einmal der Klang der nahen Kirchturmglocke. Ich bete in fremder Zunge. Ich schweige.

Da wieder das Zucken, das jähe Mahlen, der klirrende Stoß. Fall. Ich kenne das Spiel, das Spiel aus dem Lager. Die Söldner pflegen seiner nächtelang. Sie aber spielen es voller Hast. Und nicht lautlos.

Ein Würfelspiel. Nicht mehr.

Keine Stimmen. Kein Wort aus dem Nebenzimmer, kein Fluch und kein Aber, kein Lachen, nicht Häme, nicht Trotz.

Ich trete unter das Fenster, die Würfel fallen.

Es ist nur ein Spieler. In der Ruhe des nächtigen Glast: er spielt mit sich allein. In solcher Zeit.

Sie fallen.

Es ist nur ein Spieler. Und spielt er 40 Tage. Und spielt er ohne Unterlaß. 40 Nächte. Ohne Ziel. Ohne Ende, dann hatte ich seiner nicht gedacht. Während sie fallen, suchen die Handflächen einander. Sie sollen sich nicht begegnen.

Die Läden zu sprengen ... die Türe zu sprengen ... es fällt. Arme reichen nach dem Fenster, Arme ringen mit der Tür. Sie ringen mit der Tür.

Zurück am Fenster. Horchen.

Unentrinnbar.

Erst poche ich, ich trete indes und kratze die Finger mir blutig dort am nackten Stein.

Keine Stimme. Es fällt.

Ich stütze mich beidarmig, fälle das Haupt an der Wand.

Ein Rot.

Es fällt.

Ich bin Gefangener eines beinernen Spiels.

Geweiht. Und auch gefangen. Ich sinke. Die Knie berühren sich. Verlieren sich.

Ich werde die Zahl der Würfel unterscheiden lernen, doch Jahre wird es mich gekostet haben. Ich erkenne den Rhythmus des Mahlens, ich spreche in ihn mein Gebet.

„Vergib mir, Herr, vergib.

Und laß auch mir zuteil werden meiner Nächsten Vergebung.“

Der Westen flackert leise im Fall:

„Amen.“ Und:

„Amen.“

Den 6.Oktober 1582.

Der Besessene des Irrgartens

DEUS CAECUS, AMOR MORTUS, PSYCHE VECORS
(Über dem Eingang eines alten umbrischen Labyrinths)

I.

Der Volksbelustigung halber band man einen über und über mit den Leib verzierenden Mustern und Linien bedeckten Narren an einem Nachmittag des Jahres 1639 an einen Zunftpfahl einer jener öffentlichen Plätze irgendwo im Nordwesten Frankreichs. Als ich durch die Reihen der Gaffer an den Hellebardisten vorbei mich weit, weit nach vorne neben seine gekreuzten Arme schlich, merkte ich auf seine Geschichte, die ich wie hier folgt niedergeschrieben.

„Ich war Gefangener eines Irrgartens. Von meinem zwanzigsten Jahre an. Und vermag ich nicht zu erinnern, welche Zeit verstrichen, da man mich ohne Lösung oder Ziel meinem Kerker entrissen. Ich habe Tränen geweint, von denen ihr nicht die leiseste Ahndung haben werdet, nach welchem Salz sie schmekken; ich habe Hoffnungen durchlebt, deren bloßes Angedenken einen jeden unter euch erbeben machte.

Von edler Herkunft bin ich nicht; ich bin der jüngste Sohn eines Tuchhändlers aus Lyon, der immerhin wohlhabend gewesen. In den Geschäften des Vaters war ich gereist, hatte reüssiert und war begriffen auf dem Rückweg. Da geriet ich mit meinen Gefährten wie von ohngefähr in ein Moor, das mir gleichsam unbekannt, uns doch sonder Gefährdung dünkte. Bis uns die Dunkelheit davon überzeugte, daß der Sumpf war ein vielfaches größer als gemutmaßt. Größer, auch wunderlicher. Wir bereiteten unser Lager, von der Not bezwungen, in der Wildnis. Aber den nächsten, und auch alle nächsten, und viele Tage gelang es uns nicht, bewohntes noch bebautes Land zu sichten.

Ich sagte: wunderlich, ja. Die Tage waren dämmrig und dunkler als manche unserer Neumondnächte. Die Nächte selbst indes erfüllt von wirren Stimmen, kranken Lichten.

Am funfzehnten Tage reifte in mir der Entschluß, mit einem der Gefährten, den ich meinen Bruder nannte, den anderen voraufzureiten, um so rascher den Weg zu kundschaften. Zurück mit der Seide und dem Golde ließen wir die Begleiter, ritten wir den Tag und die Nacht, wieder den Tag und die Nacht, und wieder, und wieder; als sich meinen, der Leere gewohnten Augen jählings eröffnete: die ungeheuere Silhouette einer Mauer, die sich spannte über den weiten Horizont. Näher und nahe gekommen, gewann sie freilich an Ausdehnung, an Höhe, an Unergründlichkeit. Mein Gefährte hielt es für dienlich, das schreckliche Gebäu zu meiden, und also trachteten wir, es links von uns zu lassen. Wir jagten bis zur Erschöpfung der Gäule. Da die Sonne gesunken, hatten wir etliche Meilen westwärts gewonnen, aber keine gen Süden, auf welchem Wege wir allerdings begriffen waren. Allein: als Nacht uns umbrandete, zeichnete sich wenige funfzig Meter vor uns durch das Mauerwerk ein schwaches Licht auf dem Boden ab. Wir tasteten dem entgegen - so blind hatte die Finsternis uns zurückgelassen - und, siehe, es schien eine Öffnung. Ein schmaler, tiefer Durchlaß, unter den ich mich bücken mußte, hineinzugelangen. Die Tiere angebunden, waren wir beseelt von der Hoffnung, jetzt endlich Hilfe, einen Tröster, einen Führer zu finden und drangen ein.

II.

Innen aber war unser Weg breiter kaum als der Einlaß - die Schultern eines Mannes von geringer Statur gewährte der Gang in seiner Enge, mehr nicht. Die Höhe der Mauern rechts und links war nicht ermeßbar in solch siechem Lichte, und so gingen wir geradeswegs im Halbdämmer eines unbegreiflichen, unwandelbaren Scheines hintereinander: lange Zeit, vorauf der Gefährte. Ein Bauwerk dieses Maßes, schloß ich, mußte des Königs sein. Doch besorgte ich - es möchte des Teufels sein.

Viele Stunden des Weges schon waren verflossen, viele Rasten durchmessen. Da rief der Gefährte: „Hier kreuzt der Weg!" Und in der Tat: der Pfad war zur Rechten beschreitbar, wie zur Linken. Wir berieten uns. Und katholische Menschenkinder, die wir waren, hielten wir uns zur Rechten. Jetzt, da der schwache Glast, der uns umgab, da der Funke, der uns auf den Weg leuchtete und hinter uns zu verglimmen schien, langsam, unendlich träge einem milderen Morgenrot und seinem linden, frühen Scheine wich, wurde unser Tritt ruhiger, gelassener, der Abstand aber der Mauern größer, und wir gingen, der Müdigkeit unerachtet, bald nachlässigen Schrittes nebeneinander. Die Schatten des Walls zur rechten schwanden beharrlich, und als ich mich drehte, sah ich die Sonne am Himmel stehen: zum ersten Mal im Glanze, nach all den Tagen des Moders in den Lüften. Wir waren wie beflügelt von der Spenderin, waren hoher Hoffnung, ich sage: wieder voll der Hoffnung, und wir sprachen das erste freundliche Wort seit Wochen. Wir begannen gar zu scherzen, wer Herr wohl sei solch merkwürdigen Werks und wer der Baumeister.

„Vielleicht sind wir unversehens zu den Kopffüßlern geraten", lachte der Gefährte, „und ermessen als erste Menschen den chinesischen Wall."

Die Lösung gefiel uns beiden recht wohl, hatten wir auch

kein feines Tuch mehr, so doch genug Tapferkeit, uns die Führerschaft selbst von wilden Mongolen zu erzwingen.

So verging Zeit. Die Schatten aber wurden kürzer und Mittag nahte und mahlte die Luft mit unbarmherziger Heftigkeit. Beide hatten wir Mantel und Wams abgetan, allein das Brennen war unvergleichlich. Wir beschlossen zu ruhen und schlafen, womöglich bei Sonnenuntergang weiter zu gehen, wie es dem Wüstenwanderer ziemte. Also ruhten wir. Ich aber mochte meinen Schlaf nicht finden und suchte durch geometrische Berechnung mir die Höhe der Mauer, die immens schien, zu imaginieren. Da wir uns in annähernd ost-westlicher Richtung bewegten und die Sonne just über uns in der Höhe des Mittags stand, war (auch unter Rücksicht der Höhe der Bauten) an kein Ergebnis infolge Ermittlung der Schattenlänge zu denken. Die Finger nahm ich sohin zur Hilfe und setzte Daumen über Daumen, bis zur endlichen Höhe der im Dunste flirrenden Wände. Ich maß elf Finger ohngefähr. Eingedenk der Verkleinerung der Linie in der Weite (denn der optische Eindruck des Daumens auf Fußhöhe maß nur etwa fünf Fuß und mußte in die Höhe ja Zuwachs erfahren) ergaben meine Berechnungen eine Höhe von - weit über siebzig Fuß...

Dem Schrecken zum Trotze über die Entdeckung eingeschlafen, rief mich mein Gefährte in die Gegenwart, da tiefe Dämmerung fiel. Nur um uns, über uns war der Schein der voraufgegangenen Nacht.

Genug der Rast! Schwerfällig, ob auch ausgeruht, nahmen den Weg wir wieder auf. Da - bog der Pfad nach links, ohne weiteren Abzweig. Also folgten wir, als nach einer guten Stunde der Wanderung vor uns auf dem Wege wir Verzehr fanden, Wasser, Wein, Wild und Beeren. Wir sprachen dem nicht sobald zu, als wir die Gefahr einer Vergiftung für gering erachtet hatten und vergaßen auch wenig, uns mit Wegzehrung zu versehen.

„Also ist eine Menschenseele hier, die uns wohl will, die uns noch erst observieren mag oder uns dergestalt dem rechten Orte entgegenführt“, sprach ich zum Begleiter. Der aber schwieg - denn vor uns teilte sich unversehens der Weg in drei.

„Will er uns wohl, wo bleibt sein Fingerzeig an solcher Kreuzung?“, schien mich des Freundes Blick zu fragen. Ich eilte, ohne ihm Antwort zu erteilen, nach Süden, also in gerader Richtung, weiter. Schon nach weniger Zeit indessen wiederholte sich der Abzweig. Unbeirrt zog ich des Weges - bis ich vor neuerlicher Scheidung stand, die uns nur rechts oder links beließ. Da harrten wir und sahen uns an.

„Wir sind in einem Irrgarten zuletzt!“

Keiner wollte die Beobachtung getan haben. Wir waren Gefangene eines Irrgartens und wir waren ohne Ahndung oder Kenntnis gar des rechten Weges. Er bat mich, umzukehren, solange noch auf den Pfad zu merken war. Ich aber wandte mich - nach links.

III.

Weiter: diese Nacht und einen Tag und eine Nacht und einen Tag: rechts, links, gerade, rechts, rechts, links. Ich war schließlich darauf verfallen, mit Hilfe meines Messers den memorierten Weg, der hinter uns lag, in die Schale einer Orange zu graben. Doch begann sie rasch zu trocknen und ihre Oberfläche bot nach weiteren Kreuzungen nicht genug Raum für unseren Pfad.

Es war Mittag und schwelende Hitze, und wir betteten uns. Der andere schlief benommen und taumelte sichtlich durch schweren Traum. Da mir die Idee unserer Rettung kam: Die Oberfläche einer Orange mochte nicht hinreichen an dies gewaltige Labyrinth - nur die Fläche des menschlichen Körpers. Und unendlich klein begonnen, selbst wenn der Körper eines einst bedeckt wäre - wir waren zu zweit! Zu zweit und damit von schier unermeßlicher - „Weite". Also setzte ich langsam und mit feinen, gleichmäßig tiefen Schnitten an, den genauen Plan des Weges mir in die Hand des linken Armes zu ritzen. Damit die Narben aber sichtbar blieben, bereitete ich eine Tinktur aus dem Saft mehrerer Beerensorten (deren wir am Tage stets habhaft wurden, zu jeweils etwa derselben Morgen- und Abendstunde) und mischte sie mit dem Lehm des Bodens, mir die Flüssigkeit in die frischen Wunden zu träufeln. Mein Körper war mir fortan Karte und Wegweiser. War mir Lebens Garant.

Rechts, gerade, links, rechts - und erstmals tat sich vor uns eine Mauer auf, ebenso hoch wie die uns beiderhand umgebende. Zum ersten Male: den Pfad verfehlt. Der Gefährte, der seit Stunden schon mürrisch geschwiegen, blickte mich, übervoll der Häme und des Hasses, nunmehr lange an. Es war Nacht und wir hatten die feste Gewohnheit angenommen, bis Tagesanbruch, ja, bis Mittag zu wandern, zu ruhen dann und in der anbrechenden Dämmerung den Schlaf wieder abzuschütteln. Jetzt stellte sich uns erstmals ein Hindernis in den Weg: Die Irre selbst war in uns gedrungen. „Umkehren!", flüsterte er heiser, „solange Zeit ist!"

Seiner nicht achtend, wandte ich mich: links, gerade den Weg zurück, und wieder links, links, links, rechts, rechts, gerade, rechts, links, rechts ... links."

Und unter dem geschäftigen Poltern der Menge verwirrte sich die Rede des Besessenen in den Biegungen, in den Angaben über die Richtung, der er einmal sich anvertraut. Ich selbst verlief mich in die Stunden des heraufgezogenen Abends, um bei Einbruch der Nacht neuerlich wiederzukehren.

IV.

Der gebundene Narr schwieg lange. Es schien, er besann sich auf seinen Weg, und er starrte lichten Auges und innig auf seinen linken Arm. Da hob er unvermittelt an.

„So rechts wieder und links. Also war der Gefährte von mir gewichen und suchte den Weg zurück unter Verwünschungen und geblendet von leisem, keimendem Wahn, den Mühsal und Verzweiflung, die lange Herr unser geworden, in schwerem, kurzem Kampfe entbinden.

Die dreißigste Nacht allein im Irrgarten. Bis zur Schulter des linken Armes war ich über und über bedeckt mit Wunden, die des Tages heftig schmerzten, des Nachts sich entzündeten und Eiter ließen - schließlich aber vernarbten und mir reinen Führersdienst erwiesen. In dreißigster Nacht aber - geschah das Unfaßbare: auf mich trat zu - der alte Mann.

Wie ein Häftling, der Freiheit schöpft, so rannte ich den Greis an und fiel vor ihm in die Knie. Bat ich um Erklärung und Hilfe, um den Weg aus dem Labyrinth.

Der Alte lächelte.

„Welchen Weg?“

Und lächelte unentwegt.

„Aus welchem Labyrinth?“

Und:

„Ich bin blind.“

Unsicher tastete er nach meinen Händen und suchte, mich zu sich zu ziehen.

„Seid ihr nicht Herr dieses Gartens?“

Er:

„Mein Freund: meine heutige Wahrheit sei: das Fehlen aller Beredsamkeit. Das Schweigen wird uns nicht erhöhen, nicht hier. Laut spreche von der Dämmerung. Sei langwierig. Beharrlich sei. Verschweige nichts, was du laut äußern kannst."

Der Blinde hielt inne, umklammerte endlich heftiger meine Hand und ließ mich führen, bis zum Tage. Alsbald vergingen mir die Sinne, und da ich erwachte, war das Bild zerstoben.

V.

Der Spuk ward mir zur Gewohnheit. Ich fand den Alten auf meinem Wege, ruhend bald, bald wandernd, stets jedoch unstürmischen Gemüts. Die Umstände seines Erscheinens und seines Verschwindens blieben mir verborgen; auch versicherte ich mich seines Gebrechens, immer und immer wieder. Es war Teil meines Lebens im Labyrinthe (denn daß es längst Leben war und nicht mehr Suche, daran zweifelte ich nicht ferner). Kaum länger als zwei Tage dauerte seine Abwesenheit, und nicht mehr als zwei Tage in Folge verharrte er mit mir. Auch sprach er:

„Mein Freund, meine heutige Wahrheit sei: Liebe ist eine Geburtsszene. Was sinnst du auf höchstes Tun, erschaffst du dich nicht stetig aus tiefster Liebe. Zeuge dich in dich, gebier dich aus dir."

Dann:

„Toll sei. Verfehle nichts, was du laut gebärden kannst."

Er sollte meine einzige Begleitung fürder nicht sein. In einstiger fortgeschrittener Morgenstunde tat ich die Beobachtung, daß nach einfacher Biegung des Weges nach links zwei Bänder durch die Luft zitterten, und da ich sie ungestüm erhascht hatte, blickte mich von ihren ferneren Enden ein unmüßiges junges Mädchen an. Sie wollte sich verlieren, schien mir, und sprach: „Begreife die Muttersprache allen Gefühls!" Ich neigte schwach das Haupt und maß sie desto schärfer. „Sei wachsam und beginne nur, mich zu lieben." Sie entlief mir und gewährte mir doch fortan selten nicht ihr Beilager.

„Ich will dir entgegentreten mit vergessenen Augen. Sei wachsam. Liebe mich!“

Und ich umschlang sie müde.

Ihren Dienst weihte sie mir oft, indem sie mir die Schritte wie die Irrungen der vergangenen Nacht in den Rücken zeichnete. Sie war unsteten, getrübten Gemüts - und doch war sie mir nahe. Von dieser Zeit an weilte ich selten allein auf meinen nächtlichen Wanderungen. Der Alte harrte meiner, und wenn nicht er, so war es die Kleine, die mich unvermittelt hinter einer Kreuzung bat, ihr das Haar aufzubinden.“

So hielt er inne, der Gebundne und gewahrte das vom Prasseln des Feuers regierte, starre Finsterblau um sich, verfiel aber unversehens einer Starrsucht. Ich ermangelte nicht, ihn sogleich anzurufen, jedoch vermochte ich ihn auf keine Weise, fortzufahren. Endlich verließen die letzten beiden, des Spektakels überdrüssigen Lauscher den Ort und auch ich fand meinen Weg nach Hause.

VI.

Man mochte es in dieser Stadt aus Menschenfreundlichkeit nicht gerne leiden, einen dergestalt Besessenen länger als drei Tage zu binden; also wußte ich, mir verblieben nurmehr dieser und der darauffolgende Tag, die Geschichte zu endigen.

Indessen wollte es nicht voran mit dem Erzählten, der Mensch wiederholte sich in seinem Verfahren, um zuletzt, beim mangelnden Schein unseres pechfarbenen Mondes, andauernder Lähmung zu verfallen. Schließlich ließ ich der Hoffnung Zügel für den letzten der Abende schießen und mein Drang führte mich in die Schankstuben eher als zu dem Pfahle.

Und dann trugen mich die schweren Schritte in äußerster Nachtstunde einmal noch ungesäumt dem endenwollenden Schauspiele zu. Es sollte kein Gang sein, den ich mir zu vergeben hatte - der Irrgänger sah grimm und sprach, als ich nahe trat.

„Diese Nacht strich sie mir mit zwei Fingern beharrlich über die Schenkel, legte sie anschließend warm auf meinen Mund und wisperte: „Es ist nicht Raum mehr für dein Messer. Der Körper war nicht weit“, und: „Was ist nun dein Ziel?“ - Da ich in die Schneide griff und sie zu Boden zwang, schwieg sie. Wir waren zwei und von unermeßlicher Weite. Mich fieberte. Und auch ich schwieg.“

Und tat's der Besessene. Und entäußerte sich ein andermal:

„Der blinde alte Mann deckte sie, er barg ihr Antlitz und brannte: „Stumm sind diese Nächte. Immer so stumm.“

Ich hatte mich lange schon ergeben. Die Irre war zurückgekehrt in mich. Mit fremdem Auge sah ich, ich gebärdete, was ich nicht verschweigen konnte.

Und die Sprache eines Dritten: ich habe sie ihr entrissen. Ich schwieg dazu.“

Und tat's der Besessene. Und entäußerte sich ein letztes Mal:

„Im Leid enden aller Pfade. Ich erkenne meinen Leib nicht. Warum hat man nicht vermocht, mich zu bereiten? Schweigt ihr dazu, wie ich schwieg?“

Und taten wir's.

VII.

Als Wolken in der Frühmorgenstunde niederkamen, spie ein Hellebardist fluchend in die Lohe. Der Besessene wurde nach Angers verbracht, von dort nach Tours.

Auf dem langen Wege nach Lyon verschied er endlich.

Blut eines Liebenden

Vermagst du das, Mörder zu sein? Nietzsche
Ich hatte den Tod getäuscht. Timmermans

Ich weiß von jeher, daß Tränen keine Fragen sind, es nicht sein können. All mein Trachten galt stets nur, der Unerfüllbarkeit meiner Wünsche einen Schild aus verspiegeltem Glas und Licht vorzuhalten, hinter dem ich mich letztlich verbergen konnte ebensogut, wie durch vielfaches Abbild mein Ich verzerren.

Es begab sich zu einer Zeit, da zwei Menschen mit dem, was von Mir geblieben, gebrochen hatten und einen ferneren, nördlichen Weg ihrem Leben einzuschlagen geboten: Ich war Gefangener eines Spiegelkabinetts, das ich selbst zur Genesung mir erbaut; das einen kleinen Raum in einer gänzlich dunkeln Kammer einnahm, rund geartet, und auch an Decke wie Boden nur Spiegel feinster venezianischer Arbeit beobachtete: darein begab ich mich nun nächtens mit einem schwachen Lichte und betrachtete - Mich, Erinnerung und Gedanken an ein Vergangenes gleichsam heraufzubeschwören wie das Leid der Trennung und das Leid, das einstige Freude, schal geworden oder verlustig, uns in die Augen brennt.

Ein trat ich also und hin vor dies Antlitz, das Meines war aus Gewohnheit und nicht durch Wiedererkennen, sah bald, wie sich Qual in der heimlichen Fratze verbreitete und suchte, auf daß ich fände - Mich. Doch es vergingen allso die Monate wie die Tage, und die Jahre hatten mich eingeholt, ohne mich recht zum Altern verdammen zu können. Ich fand - Angst und Starre vor dem Erlebten; so fand ich nicht, was ich suchte, und es ward mir eben nurmehr wunderliche Gewohnheit und Buße, den mir täglichen Tod zu erfinden.

In einer Johannisnacht nun war es, daß nach mir geschickt wurde. Die ungewöhnliche Hitze der Stunde und ihr kläglicher Ruch nach frischem Holz und faulem Wasser hatten mich zu dem Schluß gebracht -: es werde mich dieser Ruf wohl das Leben kosten. Es schien mir kein Mond, meine Stute war es mehr denn ich, die den Weg zu finden wußte. Eine ärmliche Hütte nahm mich schließlich auf, ausgeräuchert mit Harz.

„Ihr seid der Medicus? Seid ihr müde? Wollt ihr noch schlafen zuerst? Er hat nicht mehr viel Zeit. Doch so ihr schlafen wollt ... „

Ich will nicht schlafen, ich kann nicht schlafen.

„Ich habe ihn gefunden, im Wald draußen. Ich kam vom Dorf. Habe ihn gefunden. Er fiebert, ich glaube, er hat Blut verloren, draußen im Wald."

Ich begehre ihn zu sehen.

Das Männchen, das nach mir geschickt hatte, der Alte, öffnete mir die Tür zu einem Schlafgemach, das zu Zeiten, da hier das Leben herrschte, das seine wohl war. Der Kranke lag auf einem Bette, übel bereitet, das Gesicht verhüllt von schweren Binden. Dumpfer mutet der Geruch des Harzes an.

„Er hat noch nicht gesprochen. - Vielleicht ist er angefahren worden, von einem Viehwagen, seht, seine Beine ... „

Ich betrachte die Beine. Keine Wunden.

„Seid ihr Barbier?"

Endlich verschwindet der Alte. Ich schließe die Türe und trete an das hohe, von innerem Nebel zerblendete Fenster. Vermag es nicht zu öffnen. Ich suche den Mond. Finde ihn nicht.

Dann beginne ich die Examination des Siechen. Sein Puls ist schwach, ja merklich kaum, er fiebert. Doch erscheint mir kein Zeichen äußerer Gewalteinwirkung an seinem Leibe. Mag doch aber auch nicht Symptome finden für eine Krankheit.

Sodann verlasse ich das Zimmer, Luft zu schöpfen und nach dem Alten zu gehen. Der sitzt betend an einem aberwitzigen

Buche. Ob er denn etwas über den Siechen mutmaße, Umstände beachtet oder beobachtet habe?

Nein - nur desgleichen erlebe meist den Morgen nicht, wisse er aus Erfahrung. Es sei wohl ein Schleichendes, ein Fressendes, das ihn befallen. Allein: der Medicus sei ich. Ob ich ihm denn lesen möge, seine Augen, halb erblindet, vermöchten die Dunkelheit kaum mehr durchdringen.

Ich kehre zurück zu dem Leidenden, beginne von neuem die Untersuchung. Ich ersehe keine der bekannten Krankheiten an ihm - allein: einen unerklärlichen Verlust an Blut.

Wiederum trete ich aus dem Raume, in dem mir das Räucherwerk allen Atem benimmt. Ich bitte den Greis, das Verbrennen fortan zu unterlassen.

„Es ist kein Räucherwerk im Hause, Herr. Seid ihr müde?"

Ja, ich bemerke an mir die Spuren inniger Ermüdung. Und schleppe mich zurück in den Dampf.

Ein weiteres Mal: der Puls ist schwächer noch und langsamer geworden, die Blässe des Körpers könnte mich blenden. Endlich nehme ich, um letzte Gewißheit zu erlangen, die von zerstampften Kräutern und Gräsern durchwirkten und getränkten Verbände vom Antlitz des Kranken -

- da trete ich ein und hin vor die Züge, die Meine waren aus Gewohnheit und nicht durch Wiedererkennen; die Züge des Gesichts im Kristall, im Kristalle meines Spiegelkabinetts -

So trete ich hin vor den Altar des Lebens - und er ist bereitet: doch auf kannibalische Weise. Ich bin angetreten, diese Nacht mich selbst zu heilen - und finde keine Wunde, und finde kein Siechtum ... - da finde ich Mich, halbtot, entblößt jeder Erinnerung, jeder Mitteilung, jedes Verstandes gar, und weiß - plötzlich und unverhüllt: es ist Zeit bis zum Schrei des ersten Hahnes.

Es ist: wo die Kunst versagt, muß das Leben sich selbst genügen. Zwei Stunden bis zur Dämmerung. Der Leib des Kranken ist in einer tiefen Ohnmacht - meine Salben, meine Arzeneien: sie bewirken nur schnelleren Verfall, nur unter äußerster Anstrengung vermag mein Daumen noch den Herzschlag zu erhaschen. Da -

befällt mich tiefer Schlaf, den das Räucherwerk über mich gebracht. Ich weiß. Ich bin in einem Garten, verborgen in einem Busch - das Gesträuch aber wächst mir lange schon aus der linken Hüfte. Der fehlende Mond steht mir zur Seite und deutet in die Ferne. Seine Larve ist die des Greises, er lächelt und dringt tief in mich mit Worten fremder Zunge. Zuletzt jedoch legt er mir auf die Hüfte, die grünt, die Faust und spricht: „Mit dem Blut eines Liebenden. Nur mit dem Blut eines Liebenden." Er löst sich in Morgennebeln, ich gürte mich -

erwache aber ... die Luft ist klar, das Fenster steht offen, ich sehe den Mond eintauchen in die letzte Erdsphäre, die uns noch begreiflich. Wittere Morgenluft. Das Blut eines Liebenden. Ich eile in den Vorraum, der Alte ist verschwunden. Der Wald nahe. Ich erreiche hastend die ersten Bäume, da bemerke ich, mich wendend, daß mein Pferd fehlt und ich in menschenleerem Siedlungsraume bin. Verzweiflung gräbt mir Risse tief in Stirn und Hände, ich rase, beginne zu taumeln und sehe ersten Strahl der Sonne.

In der Hütte wieder angekommen, fühle ich den Herzschlag, meinen Herzschlag, fühle ihn verglimmen. Ich ritze dem Kranken die Adern, kein Saft tritt aus. Ich weiß, er hat nie geliebt, und doch - taucht vor mir auf - die Vision des Spiegelkabinetts. Das Messer gleitet mir zur Erde: ich erfahre, ich weiß: Mich selbst muß ich bluten sehen.

Der Liebende bin ich.

Und nur Sekunden - finde das Messer nicht, jäh
beiße, zerfleische ich mir die Adern beider Hände,
da: kräht der erste Hahn.
Und ich umarme sterbend - Mich.

Der Schlaf des Leviathan

„Auf seinem Nacken wohnt die Stärke,
und vor ihm her tanzt die Angst.“

(Hiob 41,14)

Ich warne vor nächtigen Häschern.

Ich warne.

Vor den Fährnissen, die uns von alters her vertraut. Wir sind verwildert und erkennen sie nicht. Uns nehmen sie alles, belassen uns nichts.

Wer neidet uns die Freiheit? Und wer wird uns aber Bescheid tun, führen wir solchen, einzigartigen Kelch einmal an den Mund?

Ich sage: Gefangener bin ich des Leviathan.

Der Leviathan schläft.

Deutlich spüre ich und andauernd sein zentnerfestes Herz, wie es sich meinem Schläfenbein entgegenwölbt.

Der Leviathan schläft.

Er ist gegenwärtig, er umschmiegt mich. Ich könnte wohl mich im Kreise bewegen, zehn mal zehn mal zehn mal zehn lange Schritte, dann wäre ich angelangt, wo ich meinen Ausgang genommen. Wohl vermöchte ich, die Steinmauer erklimmen und unabsehbar in die Höhe steigen und steigen (und ich fiele nicht, denn ich war gewandt in meinem Jugendalter). Auch, vermute ich, wäre mir dort oben erlaubt, die Quadratur des Raumes zu ermessen, zehn mal zehn mal zehn mal zehn breite Schritte.

Nur ist es die leiseste Regung, die leiseste!, die ihn weckt. Und wacht er, wird keine Seele ihn wieder befrieden.

Er schläft, der Leviathan.

Schläft einen Schlaf, der fieberhaft mir an die Ohren pocht. Der schwächste Laut, alles Geräusch, der schwächste Ton, der mir entfahren, begleitete mich in die Ewigkeit. Die Decke meines Turmes: unbegreiflich weit führt sie, unendlich tief, man schließt mich in den tiefsten Raum, wo das Echo meines Trittes ohne Ende ist, ins Maul des Leviathan sperrt man mich, wo das Echo meiner Zunge mir wiedertönt bis in die letzte Atzung. Der Atemzug: ein Meeresrauschen; der Schwung meiner Beine: Donnergrollen; jeder Ruf: Höllentosen, das nicht erlischt.

Wie das Branden des Weltzorns liegt in dieser Luft noch mein Atem allerersten Stunden. Gelernt habe ich in den Jahren, tonlos den Schmerz zu inhalieren. Mein Herz strahlt nurmehr leises Zittern. Jeder Laut, der mir entfahren, begleitet mich in die Ewigkeit.

Atemlos begehre ich: daß die Luft ruhe.

Ich ahne: Ich werde nicht Stille bewahren können. Dann wird der schwellende Sturm mich rasend machen. Ich werde suchen, meine Ohren zu verschließen vor dem Schlunde, gelingen wird es mir nicht.

Nach einem Monat lodernden Siechtums (denn muß nicht dieser einzige Ton schon jäh eine Reihe von Verwünschungen meiner - Verfolger - nach sich ziehen?) werde ich vergessen haben, daß ein Schweigen ist; nach einem Jahre endlich dürfte mein Gehör, langsam zwar, aber stetig, unempfindlich werden, würde, wie wir es wissen von Tieren, die eines Organs in dem eng bemessenen Kreise ihres Wirkens nicht bedürfen, sich zurückbilden. Ich sähe. Den Mond. Er müßte rot sein, blutrot, ganz notwendigerweise, die Sonne, todeswund, übergösse ihn mit ihrem Blut: er sollte rot sein!

Mag sein: mich führten die Hände. Oder das Schicksal beschlösse, mir, an Taubheit statt, einen verschwiegenen Wahn zu gewähren, der mich, was denn unvermeidlich, vernehmen ließe, gleichwohl mich im Glauben belassend, es sei eine arglose Klage. Die Oboe.

Oder das Tönen wäre endlos von Dauer, es verzehrte sich nicht, es nährte sich vielmehr und begrübe nicht, sondern riefe die Erinnerung wach an meine Kindertage, noch und noch und noch.

„Geh und sei Zeuge von allem!" riefe es in langer, nackter Nacht. Und ich endigte mein Leben im Raunen des Leviathan - in längster Nacht.

Ich warne vor nächtigen Häschern.

Ich warne.

Variationen über ein Thema von Sergej Prokofieff, opus 16, andantino - Die Zweite:

Mein „Letztes Abendmahl“

IGNATIJ war der Letzte im Kreise. Daneben Nikola, Karelij, dann Vadim, Jaan und all die anderen Weißrussen, deren Namen ich vergessen werde.

Weißrussen, jeder ein großartiger Schauspieler, den unmittelbar ein angemessenes Honorar, auf lange Sicht der vermeintliche Durchbruch im Westen lockte.

Das von mir inszenierte lebende Gemälde ließ das Stadion in hohem Jubel klingen, ich selbst stand den Zwölfen nahe und dirigierte es, das Publikum, lauter noch, noch wilder seinen Beifall zu zollen.

Ich war voller Zufriedenheit.

Da Nikola, mein Judas, aus der Rolle tritt und mit leiser Geste auf den waisen Platz neben sich lädt.

Und so ich in die Menge sehe und ihr anschwellendes Branden vernehme, ist mir jeder Widerstand erloschen.

Was soll ich euer Christus sein?

Mir ist alles nur Choreographie, nicht mehr.

Und einen Vater habe ich nie gekannt.

Anstelle eines Nachworts. Anstelle eines Nachrufs.

Günther Dienelt ist tot. Wieder einer also. Jetzt nur nicht derselben Verbitterung anheimfallen. Leben. Aber welchem Ziel entgegen?
Herzstillstand mit 41 Jahren. - Na, das passiert auch anderen. - Aber vielleicht nicht so. Nicht so lautlos. Nicht bei einem, der ansonsten ein Meister rigider Töne war.

Meine „Bekanntschaft“ mit Günther Dienelt weist zurück in die mittleren Achtziger Jahre, in eine Zeit, die wieder einmal geprägt war von einer künstlerischen Aufbruchstimmung. Kleine Verlage und kleine Plattenfirmen, sogenannte „Independents“, gingen mit voller Breitseite gegen die großsprecherischen Attitüden und den Mief der von einer - wie billig! - „Elite“ verordneten Kunst an. Die literarische Subkultur warf sich noch einmal zu einer eigenen Geschichte auf. Einer ihrer Exponenten aber war Günther Dienelt, sein Organ der Verlag DESIRE UND GEGENREALISMUS. Die „Neue Avantgarde des Surrealismus“ beschwor er, und mitten ins Schwarze traf er dabei sicherlich mit den wenigsten seiner Veröffentlichungen. Immerhin aber lebte in ihm etwas wie ein „Wille zur Kultur“, wenn sie auch Gegenkultur bleiben sollte.

Sein Tod - sagen wir eingedenk der Verbitterung dieses Menschen: es sei ein „Freitod“ gewesen - er ist vielleicht Abbild allgemeinerer Tendenzen dieser Jahrtausendwende. Der Kunstschaffende (vielleicht auch nur der „ungeformte Mensch“): er findet immer weniger Behaustheit in einer naseweisen Gesellschaft, in einem System von Lebens- und Kulturmanagement, das ihn entweder zum Sozialhilfeempfänger oder zum naßforschen Jongleur schwarzrotschwarzer Zahlen verdammt. Nichts ist weniger gefragt als Nonkonformismus in dieser Diktatur der Werbe- und Versicherungswirtschaft. Mir scheint, der nachfolgende programmatische Satz, vor über siebzig Jahren geschrieben, gewinnt an „Zeitgeist“ mit diesem weiteren Toten, der sich nicht so recht hat klemmen wollen zwischen die Alternativen: „Ich bin zum Arschloch geworden, weil ich kein guter Leider bin. Nicht alle Künstler sind gute Leider. Großartig, bin ich jetzt wenigstens ein gutes Arschloch!“ (Aus: „A halál nagynéniaimért“ von István Nagy).

Gewiß waren Günther Dienelt und ich uns nie wirklich nahe gestanden; weltanschauliche Differenzen bereits, mein Eintreten für neue Spielarten des demokratischen Sozialismus, haben uns immer wieder gegeneinander anrennen lassen. Und doch ist nun ein Mensch auch aus meinem Leben getreten, dem ich Dank schulde für seinen Esprit, seine freundschaftliche Aufbauarbeit und seinen festen Eigenwillen.
Und so widme ich diese Veröffentlichung, ganz im Sinne auch meines Verlegers, Peter Segler, nicht allein, wie ursprünglich geplant, dem rumänischen Schriftsteller Mircea Dinescu - sondern vor allem Günther Dienelt.

Martin von Arndt